있는 그대로 내가 좋아

김성희 지음

박영story

행복을
발견하고, 깨닫고, 그리자

우리나라 사람들처럼 심한 경쟁 속에서
각박하게 살아가는 이들이 또 있을까 싶다.
급변하는 세상살이에 우리 모두는 허둥지둥 열심히 살지만
그만큼 행복한가도 묻고 싶다.

우리는 모두 함께 변해간다.
하지만 정작 자신은 변화를 인지하지 못 하며
시간을 흘려보내고 있는 것은 아닌지.
지구 반대편 쪽에는 왠지 우리보다
더 여유롭고, 자유롭고, 행복한 삶을 살아가는
사람들이 참 많아 보인다.

내가 학창시절 해외에서 배웠던 삶의 가치관과
우리나라에서 배운 삶의 가치관은 확실히 달랐다.
그래서 많이 혼란스럽고, 그 가치들이 충돌할 때마다
나는 무엇을 선택할지 결정해야 했다.
어떤 것이 옳고 틀렸다고 말할 수는 없지만,
분명 특정 가치관이 나를 더 행복하게 만들어 주기도 했고
불행하게 하기도 했다. 그리고 그 과정을 거치며
삶의 행복은 내가 결정하는 것이라는 것을 깨닫게 됐다.

아직도 알아가는 과정에 있지만
충돌하는 가치관을 재정립해 나가면서
무엇을 위해 사는 것이 정말 행복한 삶인지
조금씩 그 선이 명확해지고 있다.

우리가 진정 행복한 삶을 살기 위해서는
이 시대가 요구하는 것에 그냥 떠밀려 사는 것이 아니라
먼저 자신에 대해 잘 알아야 한다.
나는 어떻게 자랐고, 무엇을 좋아하고,
꿈은 무엇이고, 삶에 있어 무엇을 기대하는지.
그리고 나는 지금 어떻게 변해가고 있는지.
어떤 가치관으로 세상을 살아가고 있는지….
이렇게, 자신을 알기 위해서 스스로 돌아봐야 한다.

회상을 통해 나를 발견하고
있는 모습 그대로를 깨닫고
미래를 그리며 사랑하는 것이다.

그 과정 속에서 발견한 상처를 스스로 위로하기도 하고,
때로는 칭찬해 주자. 새롭게 발견한 과거와 현재는
있는 그대로의 나를 다시 포용하고 사랑하게 해 준다.

그리고 나를 사랑하는 힘은 자연스럽게
주변 사람들도 돌아볼 수 있는 힘을 만들어 준다.
둘러싼 문화를 이해하며 나를 만든 모든 것을
받아들이고 품을 수 있게 한다.

이 책을 쓰면서 우리가 선택하는 가치관을 바탕으로
삶의 기쁨과 행복이 무엇인지 말하고 싶었다.
어린 시절 뚜렷하게 구별되는 지구 반대쪽 문화와 우리나라의 문화를
수용하기도 하고 또 반항하기도 하면서,
나를 지겹도록 따라다녔던 영어와 함께한
드라마틱한 인생 역전의 삶에서.

현 글로벌 시대에 충돌하는 삶의 가치관을 대조해 보며
행복한 삶을 사는 데 꼭 필요한 핵심가치가 무엇인지,

프롤로그

우리가 이웃나라에 비해 놓치고 있는 것이 없는지,
함께 알아보고 지금보다 더 행복한 삶을 살기를 바라는 마음에서
이 글을 전한다.

과거 회상을 통해 나를 돌아보고,
몰랐던 것을 발견하고,
그것으로 다시 그리면서
오감을 통해 인생을 음미하며
진정으로 행복한 삶을 살기를 지금 결정해 보자.

차 례 ————————————————————————

제1막

과거의 행복을
발견하다

회상의 기쁨

우리 모두에게는 추억이 있다.
잠깐 생각나는 추억,
늘 생각나는 추억,
힘이 되는 추억,
그 추억을 다시 들춰보며
나를 다시 알아간다.

아이스크림이 먹고 싶어 ────────────

부모를 따라 낯선 이국땅에 도착했을 때 모든 것이 참 신기했다.
신선한 충격에 지금도 그때 맡았던 공기와 풀 냄새를 기억한다.
그때 공기에도 냄새가 있다는 것을 처음 알았다.
길에는 고슴도치가 기어 다니고, 나무에는 수많은 송충이가 살고 있었다.
그리고 거리의 고슴도치를 잡아 뒷마당 창고에서 우유와 먹이를 주며
키워보려 애썼지만, 결국 무지개다리를 건너게 했었다.
지치고 힘들 때 그날들의 공기와 풀 냄새를 떠올리면
위로가 되고 미소를 짓게 된다.

바다를 건너 이국땅에 도착한 다음날, 우리 삼 남매의 눈에
처음 들어온 것은 당시 한국에는 없었던 아이스크림 가게였다.
초콜릿 막대를 꽂아 다양한 토핑을 올려주는 아이스크림을
어서 맛보고 싶었다.

당시 초등학생이었던 우리 삼 남매는 영어를 한마디도 구사할 줄 몰랐다.
그래서 아버지에게 아이스크림을 주문할 때 쓰이는 영어 표현을 배워
아이스크림 가게로 달려갔다.
그리고 난생 처음 영어를 사용해 용감히 아이스크림을 주문했다.

오빠가 총대를 멨다.
"바닐라 아이스크림 하나와 초콜릿 아이스크림 두 개 주세요.
(One vanilla ice cream, two chocolate ice creams, please.)"
지금 생각하면 몇 마디 되지 않는 영어였지만
오빠는 처음 외국인과 영어로 소통했다는 것에 우쭐해하며
주문하고 돈을 냈다. 모든 것이 참 쉽고 순탄해 보였다.

그런데 직원이 돈을 받고 영수증을 건네주면서
갑자기 우리에게 영어로 말을 걸었다.
"콘이야 컵이야(Cone or cup)?"
당황한 오빠는 그냥 아는 영어 한마디를 던졌다.
"네(Yes)."

그러자 직원이 재차 물었다.
"콘이야 컵이야?"
또다시 "네."

직원의 목소리가 커졌다.
"콘이냐고 컵이냐고?"
또 "네."

그때 오빠가 아는 단어가 정말 '네(Yes).' 밖에 없긴 했지만
조금만 집중했더라면 컵 정도는 알아듣지 않았을까 싶다.
하지만 낯선 환경과 언어 앞에서는 위축되기 마련이다.
심리적인 이유로 오빠는 그렇게 쉬운 단어도 듣지 못했다.
오빠의 대답은 점점 작아졌다.

몇 번 똑같은 말을 주고받다가 화가 난 직원은 목소리를 더 높였다.
"콘이야 컵이야~아?"
오빠는 그제야 알아듣고 "아, 컵!"이라고 대답했다.
직원은 씩씩대며 아이스크림을 컵에 담아줬다.
나는 콘에 먹고 싶었는데….

우리 삼 남매는 서로 민망해하며 아무 말도 하지 못하고,
집으로 돌아오는 길에 조용히 아이스크림만 먹었다.

이렇게 나는 영어와의 첫 인연을 맺었다.
그리고 앞으로 내가 마주하게 될 영어와의
험난한 만남을 알려주는 첫 번째 예고편이기도 했다.

엉터리 통역이 선물한 즐거움 ─────────

우리 가족은 영국에서 살다가 한국으로
그리고 아버지의 발령에 다시 홍콩으로 이주했다.
우리는 늦은 밤중 홍콩에 도착했다.
곧 착륙한다는 기장의 방송을 듣고
설레면서도 두려운 마음으로 홍콩을 조심스레 내려다봤다.

"와~" 하고 탄성이 절로 나오는 하늘에서 내려다 본 홍콩의 야경은
수많은 고층 빌딩의 불빛과 바다가 어우러져 환상 그 자체였다.
그 어느 나라 위를 날아보아도
홍콩의 하늘에서 내려다 본 야경보다 더 멋진 곳은 없다.
그때 내 마음속에 담았던 그 화려한 불빛은
우울할 때, 가끔씩 외로울 때 내 마음을 비춰준다.

홍콩에 도착한 지 일주일 정도 지났을까.

아버지는 일찍 출근하고, 우리 삼 남매는 스쿨버스를 타기 위해

비 오고 바람 부는 날 등굣길에 올랐다.

바람이 휘몰아치고, 비는 억수같이 오는데

오빠는 자기만 믿으라며 학교를 가야 한다는 비장한 각오로

언니와 나를 이끌고 아파트를 나섰다.

그때, 갑자기 경비아저씨가 우리에게

광둥어(Cantonese)로 무엇을 말하는 것이다.

"니하@우짜%$이찬치%$치뚱$&따쩌우."

이 상황이 신기하고 의아해서 나는 오빠에게 물었다.

"오빠, 뭐라고 하시는 거야?"

오빠는 나에게 대답했다.

"세차게 비가 오고 바람이 부니까 우리에게 행운을 빈다고 하시나 보지.

걱정 마, 나만 믿어"

바람이 많이 불긴 불었다.

그래서 정말 경비아저씨가 그렇게 말한 것 같았다.

어쨌든 오빠의 상상 속 해석에, 우리는 경비아저씨에게

자신 있게 "땡큐(Thank you)." 하고 건물을 나왔다.

스쿨버스가 와야 하는데 아무리 기다려도 오지 않았다.

길에는 나무가 뽑혀 있었고, 창문도 깨져 있었다.

그리고 개미 한 마리도 보이지 않았다.

우리 삼 남매는 거의 40분이 넘도록 스쿨버스를 기다리다

우산이 꺾여 비를 막아주지 못하자 도저히 안 되겠다는 생각이 들어

집으로 돌아가 버스가 오지 않는 이유를 알아보기로 했다.

아파트에 들어오니까 경비아저씨가

또다시 우리에게 광둥어로 말했다.

"말라이@%해짜이$@버스%$아니$&쩌우."

나는 오빠에게 재차 물었다.

"이번엔 또 뭐라고 말씀하시는 것 같아?"

오빠는 나에게 나름의 상상력을 키워 한 번 더 해석해줬다.

"용감히 잘 살아 돌아왔군! 이렇게 말씀하신 거야."

집에 올라와 보니 어머니가 우리를 찾으러 허둥지둥 나오고 있었다.

심각한 태풍 때문에 실외 활동이 위험해서

홍콩 전역 모든 학교의 휴교령이 내려졌다는 것이었다.

어머니는 뒤늦게 뉴스를 듣고 알게 됐다고 했다.

사실 경비아저씨가 우리에게 한 말은

"태풍 11호가 불고 있으니, 밖에 나가면 절대 안 돼. 위험해.

스쿨버스도 안 올 거야. 나가지 마."였다.

우리가 아파트에 다시 들어올 때는
"거봐, 가지 말랬잖아. 태풍이 불어서 스쿨버스 안 온다고."라고 말했다.

오빠는 학교를 가지 않아도 된다는 소식에 신나서 방으로 뛰어 들어갔다.
'뭐야~ 통역도 엉터리로 해놓고, 우리 죽을 뻔 했잖아.'
외국에서의 우리 삶이 얼마나 험난할지를 보여주는 두 번째 예고편이었다.

무리한 과제였다고요!

아버지의 일로 학창시절 해외에 나가서 생활하는 동안
나에게 닥친 교육의 문제는 한국에서보다 더욱 심각했다.
해외에 나가면 자유로워지며 공부에서 해방된다고
분명 들었던 것 같은데 누가 그런 말을 했던가?
대한민국에서 고3, 재수, 삼수 때 겪는 입시와 학업 스트레스를
나는 해외에서 초등학생 때 이미 모두 겪었다.

영어를 한마디도 못 하는 상태에서 해외에 나갔을 때,
나에게 최고의 명문 사립학교에 입학하라는 임무가 주어졌다.
단기간에 영어실력을 올려야 하는 부담감은 목을 죄어왔다.

모두가 참 무지했다.
영어가 얼마나 어려운 언어인지, 얼마나 많은 시간이 필요한지,

그리고 얼마나 많은 책을 읽고, 생각을 다지고 다져야 하는지 전혀 모르고,
밀어붙이기만 하면 되는 줄 알았다.
어쩌면 이런 교육의 무지함이 현재 대한민국의 중고등학생에게
계속 이어지고 있는 것은 아닌지 모르겠다.
그래서 대학에 입학하더라도 정서가 망가지고, 자존감이 낮아져 있어,
사회생활을 할 때 다시 자존감 회복에 정신이 없는 것은 아닌지
생각해 볼 문제다.

나는 준비가 되지 않은 상태에서 입학 지원서를 제출했다.
그 어린 나이에도 본능적으로 시간이 필요하다는 것을
알고 있었지만 주변 사람들은 기다리지 못했다.
결국 나는 입학시험을 보러 갔다.
그리고 문제를 반도 못 풀고
구두 인터뷰에서도 절반이나 대답하지 못하고,
처참히, 아주 처참히 불합격 통보를 받았다.

학교에서 굳이 불합격에 관한 이유를
"너는 이래서 안 되고, 저래서 안 되고…." 하며
구구절절 상세히 작성해 보냈다. 이 통지서를 받고 얼마나 울었던지.

어린 나이에 불합격이라는 것은 감당하기에 너무나 큰 상처였다.
무방비 상태로 전혀 상상하지 못했던 감정을 경험했다.

그 감정의 이름은 '거절감'이었다.
처음으로 느꼈던 강한 거절감은 큰 트라우마로 남았다.

어린 나이에 해외에서 경험한 거절감을
어떻게 처리해야 할지 몰라 편두통이 찾아왔다.
매일 편두통으로 시달리던 어느 날 아침,
일어나 거실로 나오다가 갑자기 앞을 보지 못하면서 기절을 했다.
정신을 차려보니 쓰러지면서 문턱에 머리를 찧어 피부가 찢어지는 바람에
바닥에 피가 흥건했다.

구급차를 타고 병원으로 실려가 엑스레이를 찍고,
Y자로 찢어진 머리를 열여섯 바늘로 꿰매었다.
그리고 눈을 떠보니 나는 아직도 병원 침대에 누워있었다.
지독한 몸살과 어지럼증을 느꼈다.
울고 있었던 어머니와 구급차를 탔다며 신나 있었던 오빠의 모습이
한줄기의 빛으로 스치는 것을 보며 나는 다시 기절했다.
정신이 들었을 때, 심한 어지럼증과 구토 증세로
의사는 나에게 며칠 더 병원에 입원해 있을 것을 권했다.

병원에서 지내며 많은 생각이 들었다.
퇴원하면 분명 다시는 나에게 사람들이
영어로 스트레스를 주지 않을 것이라 기대하며

어린 마음에 내심 머리가 찢어져 차라리 잘 됐다는 생각이 들었다.
그리고 기쁜 마음으로 퇴원을 했는데….

현실은 달라지지 않았다.
퇴원 후 머리를 꿰맨 곳을 구경하기 위해 우리 집에 놀러 온
이웃 친구들이 나를 영웅으로 만들어주기는 했으나 며칠뿐이었다.
나는 또다시 영어를 죽도록 공부하고, 입학시험을 준비해야 했다.

당시의 영국 사립학교 입학시험은
토플과 같은 리딩(reading)과 영문법, 에세이
그리고 구두면접으로 구성됐다.
영어실력 외에도 다방면을 함께 평가하는 시험이기에
주입식 교육을 받았던 아이들은 도저히 통과할 수 없다고 느끼는
매우 어려운 시험이었다.

이 시험을 준비하기 위해 매일 에세이를 쓰고 읽으며,
나는 어린 나이에 영어란 그저 문법과 단어를 외워서 되는 것이 아니라
'사고력'과 '인지력'을 통합하며 배워나가야 한다는 것을 깨달았다.

영어는 나의 바람처럼 그렇게 빨리 늘지 않았다.
외국에 나가면 영어실력은 저절로 느는 것인 줄 알았는데
전혀 그렇지 않았다.

그때 공부에는 절대적인 시간과 집중이 투자돼야 한다는 것도
알게 됐다. 그렇게 입학시험을 계속해서 준비해 나갔다.

두 번의 쓴 잔을 마시고, 마침내 세 번째 시도에서
원하는 최고의 사립 국제학교로부터 합격통보를 받았다.
하지만 나는 이미 '만신창이'가 된 상태였다.

성인이 돼서야 수년 동안 영어를 구사하며 살아온 원어민 아이들을
1년 만에 따라잡으라는 요구는 말도 안 되는 것이었음을 깨달았다.
영어가 굉장히 어려운 언어임을 인지하지 못한 요구였던 것이다.

그야말로 '미션 임파서블'이었다.
정말 가혹하고 무리한 도전이었지만 그때는 그런 줄 모르고 그냥 달렸다.
알았을지라도 멈출 수 없었을 것이다.
아무도 무리한 과제라고 말해주지 않아 당연한 도전이라고 생각했다.

합격 통지에 감격한 우리 부모님은 동네방네 자랑하며 좋아하셨다.
하지만 나는 두 번이나 떨어진 후에서야 합격했다는 사실에
내가 바보인 줄 알았다.

울렁증은 허상일 뿐 ————————————

뭣도 모르고 달려간 영어와의 전쟁은
참으로 고되고 험난했던 어린 시절의 추억을 안겨줬다.
그 시절 많은 사람들이 경험할 수 없었던 유학은
감사하게 여길만한 큰 혜택이었지만
내 마음은 남모를 상처와 흉터로 얼룩졌다.
이렇게 나는 영어와 깊은 악연을 맺게 됐다.

이 정도면 영어 울렁증에 걸리고도 남을 법한데
재벌에 가까운 집안의 유럽 아이들이 공부하는
명문 사립 국제학교에서 나에게 또 다른 과제가 주어졌다.

'나의 두 배가 되는 덩치의 눈이 파랗고 금발인
유럽 아이들에게 기죽지 말고 경쟁하라.'

주눅 들지 않는 척, 괜찮은 척, 영어를 잘하는 척하며
그들의 문화와 수업을 따라가느라 영어 울렁증에 걸릴 새도 없었다.
빨리 따라가기나 해야지.
학업의 수준이 너무 높아 따라가기에 너무나 버거웠지만
나는 내 마음을 돌보지 못하며 아무렇지도 않은 듯 또다시 달렸다.

하지만 성인이 되면 영어를 가르치는 일은
절대로, 절대로 하지 않겠다고 다짐했다.
이것이 영어에 복수할 수 있는 길이라 생각했다.

그런데 대학을 졸업한 뒤 다녔던 대기업,
벤처기업을 비롯한 중소기업에서
번역이나 통역을 해달라는 부탁을 쉴 새 없이 받았다.
그래서 정작 나에게 맡겨진 일은 못하고
영어에 관련한 일로 다양한 부서에 계속 불려 다녔다.
절대 영어를 가르치지 않겠다고 다짐했던 나는
신기하게도 지금 영어를 가르치며 기쁨과 행복을 맛보고 있다.
영어를 가르치는 일만은 절대 하고 싶지 않았지만
영어가 자꾸 나를 위로하듯 부른다.

그 험난했던 시간은 내가 영어를 가르침에 있어
과거 무식하게 밀어붙였던 공부 방법이 아닌,

학생들의 정서를 어루만지고 자존감을 높여주며
효과적으로 영어실력을 키울 수 있는 방법을
매일 연구하고 고민하게 만든다.

어린 시절 내가 겪었던 영어의 험난한 길의 내막은 아무도 모른다.
하지만 자녀를 나에게 맡기며 영어를 잘 할 수 있도록
'빡세게' 자녀를 괴롭혀달라는 학부모의 부탁이 있을 때마다
나는 어린 시절 혹독했던 영어와의 전쟁을 조심스레 떠올려본다.
그러면 그때의 공기와 풀 냄새 그리고 하늘에서 내려다보았던
화려한 야경의 추억도 함께 떠오른다.

그리고 아이들을 위로하고 격려한다.
나는 절대 그 누구에게도 영어 때문에 상처를 주고 싶지 않다.
이 마음만은 간절하다. 그렇게 하지 않아도 영어를 잘 할 수 있기 때문에.
그저 영어가 재미있고, 신기하고, 즐겁고,
새로운 길을 열어주는 그런 '기회의 영어'가 될 수 있기를 바란다.
그리고 실제로 영어가 그렇다.

영어와 나의 첫 만남은 악연으로 시작됐지만
그것은 영어 때문이 아니라 주변 사람들의 무리한 기대와
영어에 대한 무지로 만들어진 결과라는 것을 뒤늦게 깨달았다.

그래서 영어를 배울 때는 주변 사람들의 역할이 중요하다.
기다리고 격려하고 도와줘야지, 밀어붙이고 다그치고 조바심내면
영어 울렁증이라는 결과를 얻게 된다.

영어 울렁증은 허상이다. 무지와 무리함이 만들어낸 허상.
이 허상에 속지 말자.
삶에서 울렁증에 걸리지 않도록 허상과 진실을 구분하자.

If we are true to ourselves
We cannot be false to anyone.
-William Shakespeare

우리가 우리 자신에게 진실하다면
우리는 그 누구에게도 거짓되게 할 수 없다.

-윌리엄 셰익스피어

생각하기

□ 나를 미소 짓게 만드는 과거의 추억을 떠올려 보자.

□ 나를 성장시켰던 과거의 경험을 적어 보자.

□ 내가 과거에 이루어낸 미션 임파서블은 무엇인가.

□ 내가 믿고 있었던 허상을 고백해 보자.

1막 2장

나를 아는 기쁨

인생을 더 재미있게 살기 위해서
먼저 나 자신에 대해 알아야 한다.
내가 무엇을 좋아하는지,
무엇이 나를 계속 살아가게 만드는지,
내가 가장 행복했던 순간은 언제였는지,
그리고 있는 모습 그대로 자신을 사랑하는 것이다.

관대하게, 통 크게 살아보자

나는 늘 사람들에게 관심이 많았다.
요즘 사람들은 무슨 생각을 하면서 살까?
대학생들은 무슨 목표를 갖고 살까?
아빠들은 무슨 고민이 있을까? 엄마들은 무슨 고민이 있을까?
싱글 남녀는 무슨 재미로 살까? 결혼할 생각은 정말 없는 것일까?
직장인들은 무슨 꿈을 꾸며 살까? 아이들이 왜 사춘기를 겪을까?
앞으로 사람들의 삶은 또 어떻게 달라질까?

우리나라, 이웃나라, 먼 나라의 사람들까지
모두 어떤 생각을 갖고 사는지 난 늘 궁금했다.
그리고 지금도 늘 지구촌에 함께 살아가는 사람들의 삶에
호기심을 갖고 산다.

나는 모두가 나처럼 타인은 무슨 생각을 하며 사는지 궁금해 할 줄
알았다. 그러나 사람들과 이야기를 나눠보니 그런 것은 아니었다.
내가 이렇게 사람들에게 관심이 많은 이유는
해외에서 다양한 외국 학생들과 공부하며 격동의 학창 시절을 보내면서
여러 문화를 접했기 때문이라고 생각했던 적도 있다.
하지만 그것도 아니었다. 똑같은 환경에서 자랐지만
우리 오빠와 언니는 다른 사람들에게 관심이 없다.
그냥 내가 '사람과 문화'에 관심이 많은 사람이었다.

대학에서 가장 존경을 받으며 인기가 많은 사람은
단연 학점을 잘 주는 교수이다.
내가 다녔던 대학에서도 학점을 잘 주는 교수가 두 명 있었다.
그 중 한 명의 별명은 'A폭격기'였고, 또 다른 한 명은 'A부메랑'이었다.
A폭격기는 교수가 폭격기처럼 마구 퍼붓는 A학점을
피하기 힘들다는 뜻에서 붙은 별명이었고,
A부메랑은 피하려고 도망쳐도 A가 돌아 부메랑이 돼 나를 따라와
결국은 성적표에 A학점이 찍히고 만다는 뜻에서 지어진 별명이었다.

심지어, 본래 세 번 이상 결석하면 무조건 F학점을 받게 되는데도,
수많은 결석을 했던 학생을 세워놓고,
"자네 한 번만 더 빠지면 B야!" 했다는 소문에
전해들은 모두의 입이 딱 벌어졌다.

이 사실은 학교 전체에 퍼져서 너도나도 몰려들어
해당 수업의 수강신청을 했다.
성적에 관한 점수를 쉽게 주지 않기로 유명한 대학에서
이런 교수님의 소식이란 마치 사막에서 오아시스를 발견한 느낌이었다.
어지간히 부지런을 떨지 않으면 이 과목의 수강신청은
바로 마감되기 때문에 나는 목숨을 걸고
이 두 교수님의 수업을 신청하는 데 성공했다.

그런데 A폭격기와 A부메랑 교수가 모두
사람과 문화를 연구하는 문화인류학 교수였다.
"역시! 문화인류학자는 통이 크고, 관대하고
시야가 넓구나. 내 적성과 딱 맞아!"
문화인류학 수업도 얼마나 재미있던지….
수업이 기다려지고 즐거워, 정말 열심히 공부했다.

A학점을 잘 주는 두 사람 모두가 문화인류학 교수였다는 것은
우연의 일치가 아니다. 사람과 문화를 오랜 시간 연구하다 보면
인류가 살아온 지금까지의 과정이 이해가 되고 공감돼
인류를 향한 여민이 생길 수밖에 없을 것이다.
그래서 세상을 바라보는 시야가 넓어지고 포용력이 생겨
세상살이를 너무 심각하게 받아들이지 않기 때문에
마음이 관대해지고 통도 커지는 것이다.

그래서, 나도 문화인류학자가 돼야겠다고 결심했다.

인생을 좀 관대하고 통 크게 살고 싶었다.

전 세계를 다니며 다양한 사람들과 그들의 문화를 연구하고

인류를 품고 이해하며 사는 삶!

이런 삶이야말로 내가 꿈꾸던 인생이다. 얼마나 멋진가!

하지만 문화인류학자가 되려면 석사에 박사까지

해외에서 오랫동안 공부해야 한다는 큰 장애물을 극복하지 못하고,

대학을 졸업한 후 대기업에 취업해버렸다.

그것도 성격이 다른 분야인 IT 쪽으로.

격동의 학창 시절을 보내고, 또다시 내 인생의 2막은

그렇게 꼬이기 시작했다.

그런데 세월이 흘러 내가 그처럼 동경하는 문화인류학은

돌고 돌아 영어와 함께 부메랑이 돼 나를 다시 찾아왔다.

10여년의 직장생활 후 상담학을 공부하고 싶어 대학원에 들어갔는데

학교를 다니면서 일을 병행하게 되어,

일과 전공과목 시간표를 맞추기 어려웠다.

그래서 '문화인류학자'처럼 '통 크게' 학위에 구애받지 않고,

이 과목 저 과목 관심 가는 모든 과목을 마구 듣고 다녔다.

그러다 다른 전공의 필수 과목으로 배치된 문화인류학수업을 발견하고
얼마나 기뻤던지 만사 제쳐놓고 나는 그 수업을 듣게 됐다.
역시, 대학원에서도 문화인류학 교수는 A폭격기였다.
그리고 전공교수보다 나를 더 인정해줬다.

지금 나는 어린 시절의 경험과 특기를 살려
다양한 사람에게 영어를 가르친다.
문화인류학은 비록 전공이 아닌 교양과목으로 끝냈지만
사람과 문화를 사랑하는 나는 자칭 '문화인류학 영어 선생님'이다.

세상을 좀 더 관대하게 대하고, 통 크게 생각하고,
시야를 넓혀 인생을 더 흥미롭고 재미있게 살 수 있도록
영어를 가르쳐주는 문화인류학 영어 선생님.

고되고 경쟁이 심하고 각박한 세상이지만
자신을 발견하고, 깨닫고, 그리며 살다 보면
삶 속의 향신료가 돼 주는 기쁨을 찾을 수 있을 것이다.

우리 모두 관대하게, 통 크게, 재미있게, 따뜻하게
문화인류학자로 인생을 살아 보자.

스타벅스가 좋은 진짜 이유

대한민국은 스타벅스 공화국이라 불릴 정도로
스타벅스가 없는 지역을 찾아보기 힘들다.
커피 맛은 다 비슷한 것 같은데
왜 그리도 대한민국 국민들은 스타벅스를 좋아하는 것일까?

유럽의 스타벅스는 그다지 많은 인기를 끌지 못한다.
고풍스러운 건물과 오랜 역사와 전통 문화를 자랑하는
유럽의 거리에 자리한 스타벅스는 한국의 스타벅스와 완전히 다르다.

전통이 있고 고풍스럽고 특색 있는 카페가 즐비한 유럽에서
스타벅스는 아늑한 분위기의 힐링(healing) 공간이 아니다.
오히려 돈 냄새를 팍팍 풍기며 실용성을 앞세운
약간은 자본가가 세운 공장 같은 느낌을 받을 수 있다.

하지만 한국의 스타벅스는 세련돼 보이고,
왠지 들어가면 힐링될 것 같고, 또 독특한 브랜드 문화를 경험할 수 있는
그런 커피숍처럼 보인다.

우리는 왜 스타벅스가 좋은 것일까? 노트북 충전이 가능해서?
혼자 앉아 공부할 수 있는 책상이 많아서? 커피가 맛있어서?

아니다. 우리는 스타벅스에서 우리의 '아이덴티티'를 발견한다.
카푸치노, 라떼, 마키아토, 등의 다양한 커피 종류.
시즌마다 올라오는 새로운 커피와 음료들.
숏(Short), 톨(Tall), 그란데(Grande), 벤티(Venti)로 사이즈도 다양하고,
이런 커피나 사이즈 이름은 다양한 언어로 구성돼
커피를 주문할 때면 마치 내가 여러 언어를 구사하는
이 시대 지성인처럼 느끼게 해준다.

디카페인, 하프 디카페인, 카페인, 휘핑크림, 원샷, 더블샷, 등
커피 한 잔으로 취향을 마음껏 표현할 수 있으며
케이크, 샌드위치 등 커피와 곁들일 메뉴를 다양한 취향대로 고를 수 있다.
손님을 부를 때는 번호가 아닌 세련된 닉네임으로 불러주니
다시금 자신의 존재감을 확인한다.

연말이 되면 고급스러운 스타벅스만의 다이어리를 고르며
스스로를 돌아볼 수 있게 해주고, 다양한 텀블러를 구입하면
들고 다니면서까지 자신의 아이덴티티를 확인할 수 있다.

스타벅스는 그 브랜드만의 문화를 만들어
커피뿐만 아니라 문화를 판매하고 있다.
그리고 우리는 그 문화 속에서 아이덴티티와 존재감을 확인받는 것이다.

전 세계 유명 인사들을 초대해 토크쇼를 진행했던
오프라 윈프리(Oprah Winfrey)의 인터뷰 내용 중 인상 깊었던 말이 있다.
그 어떤 저명한 인사도, 모두가 우러러보는 세계적 톱스타들도
토크쇼 녹화를 마친 후에 빠짐없이 꼭 묻는 질문이 하나 있다는 것이다.

그 질문은 "저 어땠어요? 인터뷰 괜찮았나요?"
그 유명한 미국 대통령도, 모두가 열광하는 할리우드 영화배우도,
세계적인 팝스타도 한결같이 이렇게 묻는다. "저 어땠어요?"

유명 인사들도 자신의 아이덴티티가
어떻게 비춰졌는지 항상 확인하고 싶어 한다는 것이다.
아무리 유명해도, 잘나 보여도
우리는 자신의 아이덴티티 확인에 목말라 있다.
이것이 우리가 스타벅스를 좋아하는 진짜 이유다.

이것이 제 삶이었어요

세계적으로 4억 5천만 부 판매를 달성하며 대박 중의 대박을 거둔 소설 '해리포터'를 모르는 사람은 없을 것이다. 작가 제이케이 롤링(J.K. Rowling)이 시리즈의 마지막 작품을 집필하는 내용과 그녀가 어떻게 대성공을 거둘 수 있었는지를 다룬 영국의 다큐멘터리를 본 적이 있다.

제이케이는 해리포터가 성공하기 전까지
국가 보조금을 받으며 싱글맘(single mom)으로 딸과 힘겹게 살고 있었다. 그는 해리포터를 출판사에 투고할 때 복사할 돈이 없어 12부를 모두 직접 손으로 작성해 출판사에 제출했을 정도로 경제적인 어려움을 겪고 있었다. 그리고 열두 출판사는 모두 출판을 거절했다.

제이케이는 포기하지 않고 글을 쓰며 살았던 작은 아파트를 방문했다. 그리고 해리포터가 이렇게까지 성공할 줄 모르고 하루하루 힘겹게

자신이 하고 싶었던 일을 끝까지 이어갔던 삶을 떠올리고는
울음을 터뜨렸다.

감회가 새로워 눈물을 흘리던 제이케이는
해리포터를 저술했던 그 작은 아파트의 책상과 방을 바라보며
잠시 자기만의 시간을 갖는다. 그리고 이렇게 말한다.
"이것이 제 삶이었어요(It was my life), 이것이 제 삶이었죠."

"이것이 제 삶이었어요."라는 말을 여러 번 반복하면서
자신의 힘들었던 나날을 증오하거나 괴로워하지 않고,
그 시간을 어루만지며 위로하고,
자신의 삶이었음을 인정하며 감사함으로 눈물 흘린다.
그렇게 고백하는 제이케이를 보며 나도 눈물이 났다.

힘들었던 시간이 자신의 삶이었다고 전하는 말은
제이케이가 자신의 과거를 인정했음을, 그리고 자신의 삶에 대해 얼마나
큰 애착을 갖고 있는지 알 수 있게 한다.

그는 단 한 번도 유명해지는 것을 꿈꿔본 적이 없었다고 했다.
그저 책이 많이 읽혀지기를 바랐는데
자신이 너무 유명세를 타게 돼 당황스럽다는 말도 덧붙였다.

제이케이는 미국에서 열리는 자신의 사인회에 참여하기 위해
도착한 장소의 대기 줄이 길게 늘어져 있는 것을 보고
"오늘이 세일하는 날인가요?"라고 질문했다.
이에 출판사 관계자가
"제이케이, 당신에게 사인 받으러 온 줄이잖아요."라는 답변을 했다고.
그제야 제이케이는 자신의 유명세를 실감했다고 한다.

우리는 자신의 삶에 어떤 기대를 하고 사는가?
가족을 부양하고 자식을 키우고 가끔은 여행을 하며,
그저 아프지 않거나 부족함 없이 살아가기를 바라겠지만 그 이전에,
자신이 어떤 삶을 살고 있을지라도 또 어떻게 살아왔을지라도
과거와 현재의 삶을 사랑하자. 힘들고 어려운 시기를 걷고 있을지라도
지금의 그 나날이 나를 어떤 곳으로 데리고 갈지 모른다.

다음은 다큐멘터리 기자가 제이케이에게 던졌던 질문이다.
이 질문의 답변을 통해 제이케이는 누구이며, 가치관은 무엇인지,
그리고 어떤 삶을 살기를 바라는지 알 수 있었다.
우리도 자신의 삶을 더욱 이해하고 또 위로하기 위해
다음의 질문에 답해 보자.

1. 당신이 가장 좋아하는 미덕은?

> [제이케이] 용기(courage)
>
> **당신의 대답** _____

2. 당신이 가장 싫어하는 악은?

> [제이케이] 심한 편견(bigotry)
>
> **당신의 대답** _____

3. 과거 무엇에 대해서 용서하고 싶은가?

> [제이케이] 심한 폭식(gluttony)
>
> **당신의 대답** _____

4. 당신의 가장 도드라진 성격적 특징은?

> [제이케이] 최선을 다하는 자(trier)
>
> **당신의 대답** _____

5. 가장 두려운 것은?

> [제이케이] 사랑하는 사람을 잃는 것(Losing someone I love)
>
> **당신의 대답** _____

6. 사회에서 남성들로부터 바라는 자질은?

> [제이케이] 도덕(moral)
>
> **당신의 대답** _____

7. 사회에서 여성들로부터 바라는 자질은?

[제이케이] 관대함(generosity)

당신의 대답 _____

8. 친구들이 갖고 있는 가장 존경스러운 자질은?

[제이케이] 관용(tolerance)

당신의 대답 _____

9. 당신의 가장 큰 결함은 무엇인가?

[제이케이] 짧은 견해(short views)

당신의 대답 _____

10. 가장 좋아하는 직업은?

[제이케이] 작가(writer)

당신의 대답 _____

11. 가장 행복했던 순간은?

[제이케이] 아이들이 태어났을 때

당신의 대답 _____

12. 살면서 가장 후회됐던 것은?

[제이케이] 돌아가신 엄마와 마지막 통화를 더 오래 하지 못했던 것

당신의 대답 _____

13. 살면서 무엇을 성취하고 싶은가?

[제이케이] 성장

당신의 대답 _____

14. 무엇이 당신을 계속 살아가게 하는가?

[제이케이] 태생적으로 최선을 다하며 사는 것

당신의 대답 _____

15. 남들이 당신을 어떻게 기억하기를 바라는가?

[제이케이] 갖고 있는 재능으로 최선을 다했던 사람

당신의 대답 _____

스펙에 순수함을 추가해 보자 ─────────

요즘처럼 스펙 쌓기에 열을 올리는 시대는 없을 것이다.
나를 상품화하는 스펙 쌓기,
곧 "나는 이러저러하니 나를 데려가시오."에
우리는 너무 일찍부터 훈련받고 길들여져 가는 것 같다.
요즘처럼 자격증 따기에 열을 올리고,
스펙을 쌓기 위한 방편으로서
다양한 경험을 하려는 시대는 없었다.

누릴 수 있는 문화가 더 풍부해지면서
이 모든 것을 누리고 싶어 하는 요즘 아이들은
너무 일찍부터 돈에 눈을 뜨고, 먹고 사는 문제를 고민한다.
그래서 지성인으로 살기 위해 공부하고 대학을 가는 것이 아니라
스펙을 쌓고 좋은 직장에 취업하기 위해서 대학에 입학하는 것으로

초등학생 때부터 철저히 교육받는다.
너무 일찍 순수성을 잃는 것 같다.

순수함을 접할 때 우리는 절로 미소를 짓게 되고,
어디선가 따뜻함이 밀려오는 감정을 느끼게 된다.
순수한 사람을 보면 나도 모르게 사랑하고 싶고, 함께 있고, 보고 싶어진다.
그래서 우리는 매일 스펙 쌓기를 고민하면서도
늘 순수함을 지닌 자를 갈망하고 찾는다.

조건 없이 순수하게 나를 사랑해줄 수 있는 사람,
그리고 나도 조건 없이 사랑할 수 있는 사람을 갈망하지만
어른이 되면 세상에 관해 알게 되면서 순수함을 잃어버리기 때문에
상대에게도 순수함을 요구하는 것이 점점 어려워진다.

각박한 시대에 나는 순수함을 누리고 즐길 수 있는 큰 혜택을 갖고 있다.
아직 공부를 많이 해보지 않은 어린 아이들,
스펙이 뭔지 모르며 마냥 놀기 좋아하는 아이들을 매일 만나기 때문이다.
영어를 가르치면서 아이들에게 따라 하라고 하다가 헛기침이 나오면
순수한 아이들은 영어인 줄 알고 기침도 그대로 포함해서 따라 한다.

이런 아이들을 보면 웃음이 나오고 아이들은 선생님이 왜 웃는지
영문도 모른 채 미소를 보며 좋아한다.

일을 하다 접하는 이 순수함은 내 마음을 녹여버리고,
자연스레 사랑스러운 아이들에게 반하게 한다. 마치 마법처럼.
그리고 나는 순수함에 대해서 다시 생각해 본다.
순수함은 이 시대 그 어떤 스펙보다도 힘 있는 스펙이다.
내 스펙에 순수함을 추가해 보자.

있는 모습 그대로 네가 좋아

우리 모두 어렸을 때 같은 반 또는 옆집에
좋아했던 남자친구나 여자친구가 한 명씩은 있었을 것이다.
나도 초등학생 때 속으로 좋아했던 같은 반 남학생이 있었는데,
수년이 지나 같은 대학교에서 그 아이를 만나게 돼
깜짝 놀랐던 적이 있었다.

'브리짓 존스의 일기'는 어린 시절의 소꿉친구를 우연히 다시 만나
우스꽝스럽게 서로를 알아가게 되는 로맨틱 코미디 영화다.
그 유명한 고전문학 '오만과 편견'에서 모티브를 따와 만든 작품으로,
현대판 코믹 '오만과 편견'이라고도 할 수 있다.

브리짓은 32살의 혼기 가득 찬 독신녀이다.
완벽한 남자를 찾겠다는 그는 어느 날 어머니의 파티에서

소꿉친구인 마크 다아시를 소개받는다.
그러나 다아시가 파티장에서 자신을 두고
"굴뚝처럼 담배를 피우고, 물고기처럼 술을 마시는 사람과는
데이트하지 않겠다."라고 하는 말을 몰래 엿듣게 되면서,
다아시에게 호감을 갖지 못한 채 그들의 만남은 시시하게 막을 내린다.

그리고 브리짓은 자신의 편집장인 다니엘 클리버와
꿈같은 데이트를 하게 되는데,
어느 날 바람둥이인 다니엘이
예상대로 다른 여자와 함께 있는 것을 목격하면서
결국 헤어지게 된다.

이후 식사를 위해 초대 받은 집에서 우연히 다아시를 다시 만나게 된다.
그동안 브리짓을 지켜보았던 다아시는 자신의 호감을 표현한다.

그 알듯 모를 듯한 다아시의 고백은 이렇다.
"저는 당신이 정말 좋습니다. 있는 모습 그대로
(I like you very much just as you are)."

이 고백이 브리짓의 마음을 강력하게 흔든 이유는
다아시가 브리짓의 엉뚱한 행동, 생각 없이 던지는 말,
대중 앞에서의 이상한 스피치, 줄담배를 핀다는 것 등의

이상한 행동을 알고 있었지만 그럼에도 불구하고
있는 모습 '그대로'가 좋다고 말했기 때문이다.

멋진 외모, 명석한 두뇌, 능력 때문에 좋아하는 것이 아니라
단점 그 모습 그대로가 좋다는 것이다.
가식 없고 순수한 모습 그대로.
살아가며 세상에 잘 보이기 위해 우리는 얼마나 많은 긴장을 하며 살아가는가.
다아시의 고백은 그런 우리의 마음을 녹인다.
더 이상 눈치를 보며 살지 않아도 된다는 말이기 때문이다.

브리짓은 친구들과 그의 고백이 칭찬인지 아닌지를 놓고 고민한다.
'다아시가 한 고백은 도대체 무슨 뜻일까?'
친구들과 브리짓은 골똘히 고민하지만,
있는 모습 그대로 좋다고 하니
그저 좋다는 결론을 내릴 뿐이었다.

무한 경쟁의 각박한 시대를 살아가는 오늘날,
젊은이들에게 이런 사랑을 꿈꾸라고 하는 것은 무리일까?
조건을 보고, 겉모습을 보는 것이 아니라
"있는 모습 그대로 네가 좋아."라는 고백을 할 수 있는 사랑.
나는 이 시대 모든 싱글남녀에게 정말 행복해지고 싶다면
이런 사랑을 하라고 감히 권하고 싶다.

1막 2장 나를 아는 기쁨

브리짓도 고심 끝에 다아시에게 고백한다.
나도 "마찬가지(Likewise)"라고,
어머니가 사준 우스꽝스러운 옷을 입고,
오만해서 입만 열면 상대를 기분 나쁘게 만들고
구레나룻은 지나치게 길지만
"그럼에도 불구하고
나도, 있는 모습 그대로 네가 좋아."

"I like you very much just as you are."

-Bridget Jones' Diary

있는 모습 그대로 네가 정말 좋아.

- '브리짓 존스의 일기'중에서

생각하기

▫ 오늘의 나를 있게 했던 가장 중요한 가치관은 무엇인가.

▫ 나의 자아를 가장 크게 발견하게 하는 곳은 어디인지, 무엇인지 써 보자.

▫ 오늘 나를 계속 살아갈 수 있게 해주는 것을 고백해 보자.

▫ 나의 있는 모습 그대로를 떠올리면?

발견의 기쁨

우리는 매일의 삶을 살아간다.
무심코 지나가는 하루에서
나를 다시 발견해 보자.
그동안 발견하지 못했던 것을
새롭게 만나는 것이다.

완벽주의로부터의 해방 ────────────

완벽한 사람은 이 세상에 단 한 명도 없다.

너무 식상하고 당연한 말이지만 지나친 경쟁과 함께

언론 매체에 비치는 사람들의 이미지는 나도 모르게

완벽하게 보여야할 것처럼 나를 압박한다.

그러나 함께 있으면 불편한 사람이 바로 이런 '완벽주의' 사람들이다.

심리학에서도 완벽주의 엄마가 자녀에게 가장 나쁜 엄마라고 했다.

하지만 이런 사실을 알면서도

실수를 하거나 나의 약점이 남들 앞에 드러나면

우리는 어쩔 수 없이 또 마음이 불편하고 어려워진다.

영어실력을 향상하는데도 이 완벽해지려는 습관이 많은 방해를 한다.

이 사실로 어떤 것을 도전하고 해내려고 할 때에

완벽주의가 굉장히 많은 방해를 한다는 것을 깨달았다.

그런데 '어떻게 하면 완벽하지 않아도 된다는 사실을 학생들에게
알릴 수 있을까?', '어떻게 해야 나도 이 긴장감 속에서 해방될 수 있을까?'
고민하다가 완벽주의로부터 해방될 수 있는 마법과 같은 주문을 발견했다.

아이들이 돌아오는 시간에 귀가해야 하고,
아이들이 문제를 일으키면 학교 상담에 참석하고,
남편 퇴근시간에 저녁을 준비하며, 가정의 잡일을 도맡아 하는 주부들은
자신의 삶보다 타인의 삶을 관리하는 일을 담당한다.
그래서 세상은 자신의 뜻대로만 돌아가지 않는다는 것을 먼저 깨닫게 된다.
언제 어디서 무슨 일이 있을지 예측할 수 없기에
완벽한 것은 없다는 사실을 알고 있는 것이다.
그리고 그 깨달음 속에서 이 말이 탄생했다.
"응, 괜찮아~ 그럴 수 있어."

주부들 사이에서 이 말을 줄기차게 들으며 처음엔
'뭐가 괜찮다는 거지? 하나도 안 괜찮은데.'라고 생각했지만,
들으면 들을수록 긴장을 풀어주며 위로가 됐다.
그리고 완벽할 필요는 없다는 의미를 부드럽게 전달받았다.

이 표현은 언제 어디서 무슨 실수를 했는지 책임을 묻지 않는다.
"이 세상에 완벽한 사람은 없어. 너도 완벽하지 않으니 긴장 풀라고."라는
말을 유하게 던지며 다 덮어준다.

이 한마디는 지각을 하든, 해야 할 일을 잊어버리든, 실수를 하든,
어느 때라도 그 상황을 캐묻지 않고 품어주는 매우 '호환성' 높은 말이다.

"응, 괜찮아~ 그럴 수 있어."는 공감, 격려, 위로
그리고 따뜻함까지 느껴지는 세계 최고의 공용어이다.
영어 회화수업 중 엉뚱한 단어를 사용해도, 어법을 틀리게 말해도,
이상하게 발음해도 이 한마디면 다시 용기를 얻는다.
우리 모두 서로에게 이 말을 자주 전해주자.

"응, 괜찮아~ 그럴 수 있어. 인생은 그런 거야."

예기치 못 한 기쁨이란 ─────────────

몸이 안 좋아 영어수업을 휴강하면 학생들의 반응에 기분이 묘해진다.
강사의 개인적인 건강문제로 계획된 수업을 진행할 수 없으니
학생들에게 얼마나 미안한 일인가.
그런데 학생들은 너무 좋아한다.
특히 어린 학생이나 대학생, 직장인보다도 주부 학생들이 가장 좋아한다.
가끔 내가 아픈 것을 좋아하는지 휴강을 좋아하는 것인지
헷갈릴 때도 있지만 아무튼 굉장히 좋아한다.

메시지로 휴강을 알리며 미안한 마음을 전하면
사랑과 기쁨, 환희 혹은 황홀, 감사 표시의
오만가지 이모티콘이 날아온다.
그리고 자주 휴강해도 괜찮다는 말까지 서슴지 않으며
영어공부에서 비롯되는 고통을 표현한다.

그래도 영어를 놓지 않고
계속 공부하고 싶어 하는 그들의 마음이 애틋하다.

어찌됐건, 우리는 이렇게 예상치 못했던 좋은 일이 있으면
너무나 행복해한다는 것을 다시 한 번 깨달았다.
그래서 자주 예기치 못했던 기쁨을 주고 싶다.

그대에게 기쁨을 주는 발명품은?

가끔 화장을 한 후 거울 속 내 모습을 보며 이렇게 달리 보이게 하는
이 현대 기술에 고개 숙여 경의를 표한다.

사람을 이렇게까지 기만적으로 만들 수 있는 것이 화장품 말고 또 있을까?
때로는 화장한 모습이 맨얼굴보다 훨씬 예뻐서 사람들을 속이는 듯해
화장을 해서는 안 될 것 같다고 생각하곤 한다.
이처럼 화장품이 가진 능력은 대단하다.

신데렐라의 요정 할머니를 부르지 않아도
나는 언제든지 이렇게 아름다워질 수 있으니
그리고 나의 위장술로 사람들의 눈을 가리고 있어도
위법이 아니니 이 얼마나 놀라운 발명품인지 모르겠다.

요즘은 중학생도 화장을 한다.
화장이 서투른 여학생을 보며 가끔 남학생이 나에게 묻는다.
"선생님, 화장은 예뻐 보이려고 하는 것 아니에요?"
자신의 눈에는 화장 전보다 후가 더 이상하다는 뜻이다.

영어 토론수업에 '중고생들의 화장은 적절한가.'라는 주제가 제시된 적이 있다.
여학생들과 남학생들의 편이 자연스럽게 갈라졌고,
여학생들은 자기만족이라는 주장으로 찬성, 남학생들은 외모가 아닌
내면을 가꿔야 한다며 반대로 나뉘어 열띤 토론이 진행됐다.
그리고 여학생들은 화장품 찬성에 절대 굽히지 않았다.

아무쪼록 여성들에게 화장품은 최고의 발명품이다.
그렇다면 남학생들에게 최고의 발명품은 무엇일까?
분명 핸드폰일 것이다. 남자 아이들은 지나치던 아이와도
핸드폰 게임 이야기로 1초 사이에 친구가 된다.
이 주제 하나면 친구를 사귀는 데 전혀 어려움이 없다.

가끔 스마트폰이 없어 다른 아이들의 게임을 훔쳐보는 남자 아이들을 보면
교육을 명분으로 스마트폰을 사주지 않는 것이 적절한지 혼란스럽다.
여학생에게는 핸드폰을 안 사주는 경우가 거의 없지만
남학생들의 경우 게임에 중독될까봐, 야한 동영상을 볼까봐 걱정이 돼
사주지 않는 모습을 종종 목격한다.

이는 옳은 일 같기도 하지만, 한편으로는 이 시대를 살면서
60년대보다 문명의 혜택을 못 누리고 사는 것이 아닌가 하는
생각이 들기도 하고, 또 부모님이 자신을 신뢰하지 못한다는 마음에
아이의 자존감이 떨어질 것 같은 걱정이 든다.

하지만 또 스마트폰의 게임, 웹툰, 유튜브, SNS는
아이들을 활자로부터 멀어지게 해 점점 책과 거리감을 갖게 할 것이다.
핸드폰이 제공하는 단순한 쾌락은
아이들이 점차 공부를 싫어하게 만들 가능성도 크다.
게임을 매일 2~3시간씩 하는 남학생들 중에는
수업이 있다는 사실을 잊거나 지각을 하는 등
성실함이 결여된 경우를 종종 마주하게 되는 것도 사실이다.

하지만 스마트폰이 있는 남학생들 모두가 다 그런 것은 아니니,
스마트폰을 무조건 통제하는 것이 과연 옳은 방법인지는
생각해 볼 필요가 있다. 스마트폰이 없는 아이들이 그 사실을
매우 창피하게 여기며 스스로 위축되는 것을 자주 본다.
참 많은 고민을 자아낸다. 게임 때문에 염려되는 부분은 있지만,
핸드폰이 없는 아이들은 학교가 있는데도 혼자 서당을 다니는
느낌이라고나 할까.

자, 그렇다면 당신이 생각하는 이 시대 최고의 발명품은?

취향 존중이란 너무 어려운 것

사춘기 아이들에게 영어를 가르치다 보면
요즘 어떤 옷이 유행하는지 정확하게 알 수 있다.
5년 전에만 해도 '노스페이스(Northface)'나
'뉴발란스(New Balance)' 브랜드가 인기를 끌면서
너도나도 아웃도어 브랜드 운동화를 신었다.
그러더니 세 줄이 상징인 '아디다스(adidas)'가
아이들의 패션을 차지했다.

겨울이 되면 중고생 아이들은 온통 운동선수가 된다.
모두가 시커먼 롱패딩을 입고 걸어 들어올 때면
웬 운동선수들이 이렇게 많이 영어를 배우러 왔나 싶어
깜짝 놀랄 때가 있다.

왜 그리도 검정색을 좋아하는지
모두가 검은색 머리에 검은 옷을 입고 앉아 있다.
이렇듯 신기한 패션의 현장은 그 어느 곳에서도 찾아볼 수 없는,
오로지 대한민국에서만 볼 수 있는 명장면이다.

또한 중고생들 사이에서 눈에 띄는 패션은 단연 마스크다.
마스크는 황사로 인해 착용하기 시작하면서 패션으로 발전했는데,
근래에는 특히 사춘기를 심하게 겪는 아이들일수록
수업시간에 마스크를 착용한 채로 앉아있는 경우가 많다.

처음에는 마스크를 쓰고 수업에 들어온
중고생들이 모두 감기에 걸린 줄 알았다.
하지만 그렇지 않다는 사실을 안 뒤에는
마치 "나는 아무런 대답도 하지 않을 테니 말을 시키지 마시오."
하는 것 같아 당황스러웠다.

영어 수업의 특성상, 학생들이 읽고 말하는 것을 들으면서
발음 교정도 해야 하는데 마스크를 쓰고 있으니 참 난감했다.
마스크를 쓰는 이유는 다양했다. 미처 화장을 못 해서,
그냥 쿨(cool)해 보이고 싶어서, 정말 말하기 싫어서.
마스크를 벗어달라고 하고 싶지만 그들은 패션이라며
자신을 좀 내버려 두라고 한다.

1막 3장 발견의 기쁨

사춘기를 겪는 아이들의 패션을 존중해 주기로 했다.
그리고 나는 침묵시위 속에서 영어수업을 한다.
영어를 통해 다양한 변화를 본다.
몹시 빠르게 지나가는 유행과
매섭게 몰아치는 질풍노도의 소용돌이를.

노력의 여왕들을 소개합니다 ─────────

기업 강의, 직장인을 위한 영어강의를 하다 보면
성인이 영어를 꾸준히 공부해 결실을 본다는 것은
매우 힘든 일이라는 것을 매번 깨닫는다.
거의 '미션 임파서블'이라고나 할까.

그런데 가끔씩 오랜 시간 영어를 포기하지 않고,
열심히 공부하는 사람을 만날 때가 있다.
그래서 이런 사람을 만나게 되면
나는 마음속에서 그들에게 훈장을 달아준다.

인내의 여왕 리베카
리베카는 한 대학병원에서 20년을 넘게 일한 전문 간호사다.
일이나 진급에는 영어가 전혀 상관없지만,

그저 영어가 좋아 관심을 잃지 않고
5년 가까이 수업을 들으며 발전하는 모습을 지켜보았다.
초등학생과 중학생을 둔 두 자녀의 엄마로 자녀 양육뿐만 아니라
직장을 다니는 와중에도 대학원까지 입학해 공부를 마치고,
수간호사까지 진급하는 과정에서도 영어를 놓지 않았다.
영어수업을 통해 리베카와 만나는 동안, 그는 이 모든 인내 과정을
지켜볼 수 있는 명예를 나에게 안겨줬다.

면접을 보는 등, 남들 앞에서 이야기를 할 때 늘 떨었던 리베카.
그는 영어 토론수업에서 가차 없이 던져지는 나의 질문에
영어로 대답하며 자신을 훈련시키는 과정에서 대범해질 수 있었다고 했다.
그래서 대학원 면접과 대학원 토론수업에서도
수간호사 진급 면접에서도 전혀 떨지 않았다는 그의 고백을 들었을 때
나는 영어 교사로서 날아갈 듯한 기쁨과 보람을 느꼈다.
무엇보다도 자신과의 싸움에서 인내하며 승리한 리베카가 존경스럽다.

리베카를 '인내의 여왕'으로 임명한다.

노련의 여왕 줄리아
줄리아는 IT 엔지니어이다.
두 대학생을 둔 엄마이며, 회사에서는 부장이다.
영어를 정말 잘하고 싶다는 줄리아는

고등학교 시절에는 영어를 잘 했지만 이후 놓은 지 오래돼
영어 시사 글 해석하는 것을 힘들어했다.
하지만 5년 가까이 함께 시사 글을 읽고 논하다 보니, 줄리아는
창의적인 자신의 사고를 멋들어진 영어로 표현할 수 있게 됐다.

다시 태어나면 어떤 직업을 갖고 싶으냐는 질문의 대답으로 돌아온
"영어선생님이 되고 싶다"는 그의 우스갯소리가
영어를 잘하고 싶어 하는 마음을 엿볼 수 있게 한다.

영어를 잘했더라면 해외 현지의 회사에서 일할 수 있는 기회가 많았다는
그는 미리 영어를 해 두지 않은 것에 대해 후회한다고 하지만,
그것이 조직을 이끌고, 두 자녀를 대학에 보내며,
가정을 돌보면서도 영어를 놓지 않고 자기 발전을 위해
노련하게 노력하는 현재의 줄리아를 만들었다.

줄리아를 '노련의 여왕'으로 임명한다.

뚝심의 여왕 에밀리
에밀리는 30대 싱글녀이다.
8년째 회사 감사팀에서 능력을 인정받으며
당차게 살아가는 커리어우먼(career woman)이다.
에밀리는 말투가 시원시원하고, 어떤 것에 대한 결정도 빠르다.

그리고 신세대답게 솔직하다.

자신의 많은 월급 액수에 만족한다고 말하는 회사원은 그가 처음이었다.

에밀리와 처음 문자로 영어 상담을 했을 때
나는 그가 남성일 것이라 굳게 믿었었다.
보통 남자들이 상담 시 이것저것 묻지 않고,
결정을 빨리 내리는 편인데 에밀리가 그러했기 때문이다.
그런데 수업을 들으러 온 그를 보고 여성이었다는 사실에 깜짝 놀랐다.

에밀리는 굉장히 바쁘다. 야근과 해외 출장이 많음에도,
여러 취미 활동을 병행하며 영어까지 놓지 않으려고 한다.
안락사 위기에 처한 개를 구조하기 위해
해외로 입양 보내는 봉사에 동참하고, 결혼에는 관심이 없지만
남자를 만난다면 어떤 남자를 만나고 싶으냐는 영어질문에
섬세하면서도 구체적인 남성관을 말한다.

개성 있게 혼자서 살아가며, 회사에서도 감사에 관련된 일을 맡아
다른 팀에 지켜야 할 사항을 뚝심 있게 전달하는 에밀리.

에밀리를 '뚝심의 여왕'으로 임명한다.

The real voyage of discovery consists
not in seeking new landscape,
but in having new eyes.

-Marcel Proust

발견의 여정은 새로운 풍경을 찾는 것이 아니라
새로운 눈을 갖는 것이다.

-마르셀 프루스트

생각하기

- 그동안 삶 속에서 무심코 지나쳤지만 최근 새롭게 발견한 것이 있다면?

- 내가 가장 좋아하는 패션 스타일을 떠올려 보자.

- 열심히 살아가는 모습을 칭찬하고 싶은 이웃과 그를 꼽은 이유는 무엇인가.

아픔을 이겨내는 기쁨

인생을 살다 보면 때로는 상상하지 못했던
고통과 아픔을 마주해야 할 때가 있다.
그 아픔에서 벗어나기 위해
발버둥 치고 소리 내 울어보지만,
때로는 그냥 잠잠히 아픔 속에 머물러있을 때
아픔을 이겨내는 지혜가 나를 찾아오기도 한다.

거절감을 이기는 방법

대학 동기나 후배 중 늘 고등학생 시절 전교 1등만 하다가,
차석이나 수석으로 대학에 입학한 뒤
완벽에 가까운 성적으로 졸업했던 사람들이 꽤 있었다.

이렇게 우수한 길만 걸어왔던 동기들 중 여러 명이
대학교 4학년 2학기 때 대기업에 이력서를 특채로 냈다.
그리고 당연히 합격할 줄 알았는데 불합격하자
큰 충격을 받아 헤어나지 못 하는 모습을 보였다.
그들은 결국 다시 도전을 못하고 그냥 결혼을 해버렸다.

그동안 늘 최고였기 때문에
취업과정에서도 당연히 자신을 모셔갈 줄 알았는데
불합격 통보를 받고 처음 경험해본 '거절감'이 얼마나 아팠을까.

그래서 결혼을 선택한 것이다. 당시 이것을 '취집'이라 했다.
취업의 일환으로 시집을 간다는 것이다.

늘 1등만을 달려왔던 그들은 한 번도
'거절'이라는 것을 당해 보지 않았을 것이다.
초중고를 다니며 늘 교사에게 사랑을 받았을 것이고,
항상 부모님께 칭찬받으며 살아왔을 것이다.
대학 때도 늘 상위권이었으니 상상도 못 했을 거절감을
받아들일 수 없고, 다시는 겪고 싶지 않았을 마음을 충분히 이해한다.

나는 이미 해외에서 초등학교 때부터 삼수를 해본 터라
어렸을 때부터 불합격 통보를 받으며 거절감에 익숙해 있었지만
(사실 인격이 있는 사람이라면 거절감에 익숙해질 수 없을 것이다.
그저 경험해봤고, 거절감이 무엇인지 알고 있어 웃고 넘길 뿐이지.)
늘 최고를 달려왔던 명석한 친구들은
사회적 거절감을 견디지 못하는 모습을 종종 보인다.

그래서 나는 영어를 가르치면서 만나는 학생들 중
항상 1등으로 살아 자신만만한 아이들을 보면 그들에게 속으로 반문한다.
'사회의 거절감을 받아들일 준비가 돼 있는가?'
'거절감을 이겨내는 것, 그것이야말로 진짜 경쟁력이야.'
'우리가 진정으로 키워야 하는 힘은 거절감을 이기는 것이야.'

사람들이 가장 아파하곤 하는 감정은 거절감이다.
수치심, 창피함, 그리고 나의 자존감, 자존심을 건드리기 때문이다.
하지만 사회생활은 온통 거절감과의 싸움이다.
그리고 이 거절감과 직접 대면한다면 백전백패다.
이 싸움에서 자신 외에는 다른 대상이 없기 때문이다.
수치스럽고 자존감을 떨어뜨리는 거절감과의 싸움은 곧,
나와의 싸움이라는 것을 인정할 때 이길 수 있다.

거절감을 이기는 방법을 소개한다.
우선 내가 느끼는 거절감이 무엇인지 알고 인지해야 한다.
그리고 거절감이 밀려오면 그 감정을 무시하고 거절하라.
그냥 또 하나의 감정일 뿐이다.
그리고 웃음으로 그것을 덮어라.

원형탈모를 벗어나기까지

직장인들에게 영어를 가르치다 보면
심각하게 월요병을 앓는 사람들을 종종 만난다.
"일요일 저녁만 되면 잠이 오지 않아요."
"월요일은 새벽 5시부터 깨서 아무것도 하지 못해요."
"월요일만 힘든 것이 아니라 출근하는 나날이 너무 고통스러워요."

회사가 버거운 데에는 여러 이유가 있겠지만
크게 일 아니면 사람 때문일 것이다.
직장에서의 가장 큰 스트레스 요인을 해외에서는 일로 꼽는 반면,
우리나라에서는 직장 상사 때문이라고 지목했다.
업무가 마음에 안 들어서라면 다른 부서로 이동하면 되겠지만,
상사를 이유로 부서 이동을 한다는 것은 어려운 일이다.
옮긴다 할지라도 좋은 상사를 만난다는 보장이 없기 때문에

이러지도 저러지도 못해 속만 타들어 가는 것이다.
기업 강의를 나갈 때마다 만났던 사람들 중 상당수가
직장생활에 대한 어려움을 토로했다.
그리고 그 불만과 불평은 6개월이든 1년이든
강의를 시작하고 마치는 동안에도 대부분 해결되지 않았다.

한때 나도 하루 일과가 너무 고달프고 지옥같이 느껴졌을 때가 있었다.
다양한 사람들을 매일 만나는 것이 힘들고,
제대로 휴식을 취하지 못해 체력도 고갈돼가고 있었고,
희망이 보이지 않아 무기력증이 찾아왔다.
매일 아침 일어나며 든 첫 생각은 '오늘도 눈을 뜨는구나.'였고,
'이 삶만 벗어날 수 있다면.' 하며 한숨으로 하루를 시작했다.
정확한 원인을 모르고, 하루하루가 그렇게 1년가량을 흘려보냈다.
그러던 어느 날 머리를 감고 말리다가
오른쪽 두상에 생긴 백 원짜리 크기의 원형탈모를 발견했다.
나를 향한 1차 경고였다.

원형탈모라는 또 하나의 고민을 안고 출근해 기업 강의의 직장인들을 만났다.
그리고 불평을 늘어놓는 많은 직장인들을 더욱더 유심히 살펴보게 됐다.
안정된 직장을 다니고, 자유롭게 휴가도 낼 수 있는
워라밸(work – life balance)을 누릴 수 있고,
무료로 영어도 회사에서 배울 수 있도록 해주니 얼마나 좋은 직장인가.

실업으로 힘들어하는 많은 사람들과
불안한 수익의 프리랜서로 살아가는 나에 비하면 참 좋아 보였다.
물론 내가 모르는 어려움이 있겠지만
환경을 바꿀 수 없다면 자신의 생각을 바꿔야 한다는 생각이 들었다.
이런 생각을 하자마자 예전에 책에서 읽었던 내용이 떠올랐다.

에버랜드에서는 직원들에게 일에 대한 동기부여를 위해
세계평화에 이바지하고 있다는 자부심을 갖도록 교육한다는 내용이었다.
일상에 지친 많은 사람들은 놀이동산에서 휴식을 취하고
재미를 느끼면 현실로 돌아가 다시 열심히 살 수 있는 힘을 얻는다.
그렇기 때문에 에버랜드 직원들은 세상이 원활히 잘 돌아가도록
세계 평화를 유지하는데 일조하고 있다는 논리이다. 맞는 말이다.
자신은 그냥 소시민으로서 일하고 있을 뿐이라 생각하겠지만
그것이 세상에 미치는 영향을 알게 되면 자신의 일을 가치 있게 생각하고
하루하루 더 활기차게 살아갈 수 있게 된다.

그래서 나도 결심했다.
매일 수많은 사람을 만나며 비위를 맞추느라 감정노동을 하며 받게 되는
스트레스와 피로 속에서 희생자로 살지 않겠다고.
나의 손길을 기다리며 그로 인해 달라지는 수많은 사람들의 존재를
깨닫고 이런 삶 속에서 의미를 찾고, 행복을 찾기로.

우선 이 세상에서 나처럼 중요한 일을 하는 사람은 없다고
생각하기로 결정했다.
두 번째, 수많은 사람을 만나는 것은
남들이 경험할 수 없는 나의 직업의 특혜라고 생각하기로 결정했다.
세 번째, 이런 일도 건강과 체력이 있어야 가능한데
나는 이처럼 건강한 체력이 있다는 것을 감사하기로 결정했다.
네 번째, 눈에 보이지는 않지만 매일 새로운 나의 가르침에
오늘과 어제가 달라지는 사람들이 있다는 것에서
나의 존재 의미를 발견하기로 결정했다.
마지막으로 나는 오늘도 이어지는 경험으로
어떤 형태로든 성장하고 있다는 것을 감사하고 기쁘게 생각하기로 결정했다.

나의 결정은 매일의 소중한 삶이 선물이라는 것을 깨닫게 했다.
그리고 주말만 기다리는 삶을 살지 않기 위해서는
나의 결단이 있어야 한다는 사실을 알게 됐다.
놀랍게도 원형탈모의 자리에서 머리카락이 다시 자라기 시작했다.

나이에 관한 숨겨진 비밀

점점 시간이 흘러가며
'나도 이제 나이를 먹는구나.'라는 생각이 들면 조금은 서글퍼진다.
나이가 드는 것은 삶의 또 다른 아픔이기도
두려움이기도 하다.
사실 이것도 생각하기 나름일 텐데
나이 드는 것을 달갑게 여기지 않는 사회적 통념 때문에 더욱
이렇게 말하게 되는 것 같다.

하지만 나에게 다시 대학생 시절로 돌아가라고 하면 그렇게 하고 싶지 않다.
그때의 피부와 젊음은 좋지만 지금의 성숙함과 지혜가 없기 때문이다.
사실 나이가 들어가는 것은 우주의 섭리이니
분명 그 법칙에는 이유가 있을 것이다. 그것도 좋은 이유가.
그러니 단지 늙는 것만으로 생각하면서 슬퍼하지 말고

우주의 법칙 안에 숨겨진 '나이의 비밀'을 찾아야 한다.

육칠십 대의 어른들에게 영어를 가르쳤을 때
"늙는 건 참 슬픈 일"이라고 서로 주고받는 말을 들은 기억이 있다.
당시 나와는 상관없는 말처럼 별생각 없이 들었지만
이제 나도 나이가 들어가는 것을 느끼며
그때 그들이 주고받았던 말을 되새겨본다.

함께 공부한 삼사십 대들은 어른들이 "영어를 놓지 않고,
나이가 들어도 계속 영어를 잘하려고 애쓰는 모습이 참 멋지다"고 했다.
그러나 이는 '공부할 나이가 지났다'는 잘못된 관념에서 나오는 말이다.
그러나 배움의 나이에 무슨 제한이 있는가.
우리나라는 호칭부터 잘못 됐다.
이름을 부르기 이전에 나이를 의식해야 한다.
그래서 당시 삼사십 대들은 그저 '할머니들'이라 불렀다. 참 씁쓸하다.

오프라 윈프리(Oprah Winfrey)의 '수퍼소울선데이(Super Soul Sunday)'는
세상에 선한 영향력을 끼친 사람들을 인터뷰하는 방송 프로그램이다.
오프라가 인터뷰한 에디스 박사는 어릴 때 체조와 발레를 공부하며
헝가리에서 행복하게 살고 있었던 유태인이었다.
그런데 16살이 되던 해, 나치의 침략으로
어머니와 아버지는 가스실로 끌려가 죽임을 당하고

자신과 동생도 나치 수용 캠프에 갇힌다.

그러나 미국 연합군에 의해 극적으로 살아남는다.

끔찍한 환경에서 살아남은 에디스 박사는 1949년 결혼을 한 뒤

남편 그리고 세 명의 자녀와 함께 미국으로 이민을 간다.

영어를 한 마디도 못 하는 상태에서 다시 공부를 시작해

대학에 입학하고, 석사와 박사 과정을 거쳐

트라우마를 겪은 사람들을 치료하는 심리학자가 된다.

그리고 90세의 나이에 '더 초이스(The Choice)'라는 첫 책을 출간한다.

이 책은 자신을 구속하려는 트라우마와 두려움으로부터 벗어나

원래의 모습을 찾으라는 강한 메시지를 전하고 있다.

에디스 박사는 오프라와의 인터뷰에서 이렇게 말한다.

"희생자는 내 정체성(identity)이 아닙니다.

그건 나에게 일어난 일일 뿐이죠."

이를 통해 나는 두 가지를 배운다.

90세임에도 불구하고 "이 나이에 책을 써서 뭐하냐."라며

나이를 의식하지 않고, 할 일을 꿋꿋하게 해나갔다는 것과

적지 않은 나이에도 사람들을 치유하기 위해

자신이 나치에게 겪었던 트라우마와 아픔을 자원으로 활용했다는 것이다.

'자신의 선택에 따라 과거의 고통을 기회로 만들 수 있다.'

이런 희망의 메시지를 전하는 '더 초이스'는 세계적인 베스트셀러가

됐고 고통 중에 있는 많은 사람들에게 희망을 찾아 주고 있다.

"이 나이에 해서 뭐하냐."는 우리나라에서 흔하게 들리는 표현이다.
마치 "살날도 얼마 남지 않았는데 유난을 떨 필요가 뭐가 있냐."라는 듯,
매우 부정적인 말이다.
나이 들어가는 사람들을 무기력하게 만드는 소리이기도 하다.

우리나라 문화는 나이에 대해서 특히 더 유별난 것 같다.
공부할 나이, 일할 나이, 결혼할 나이, 손주 볼 나이 등
어떤 것을 해야 하는 나이의 기준이 있을 뿐만 아니라,
만 나이를 따로 계산하는 나라는 대한민국 외에 찾아보기 힘들다.

나는 우리나라 사람들이 나이에서 해방됐으면 좋겠다.
어른들이 나이를 의식하지 말고 배움을 계속 이어나가고,
끝까지 인생의 주역으로 남아줬으면 좋겠다.
나이가 많든 적든 상관없이 이 세상은
한 사람이 갖고 있는 경험과 재능이 필요하다.
나이가 많을수록 그 경험은 세상을
더 희망차고 아름답게 바꿔줄 수 있다.
그러니 이제 이렇게 말하자.

"나이는 제 정체성이 아닙니다."

공감 vs. 동정 ─────────────

살다 보면 굉장히 힘든 시기를 지나야할 때가 있다.
가끔 지인들과 대화를 하다 힘들었던 경험을 나눌 때면
각 사람들마다 느끼는 힘듦의 정도는 매우 다르다는 것을 알게 된다.

상대방의 이야기를 들으면,
도저히 견딜 수 없을 것 같은 일을 겪는 이가 있고
그다지 힘든 일은 아닌 것 같은데 너무 힘들었다는 경우도 있다.

상대방의 경험을 당사자의 관점에서 보지 않고
자신의 경험에 비추어 보기 때문에
때로는 전혀 힘들지 않게도 보이는 것이다.
하지만 고난은 절대적인 것이지 상대적인 것이 아니다.
그래서 남의 경험을 함부로 평가해서는 안 된다.

힘들어하는 이에게 달리 위로할 말을 찾지 못했다는 이유로,
"힘내."라는 말을 무심히 던져 버리면 그 말을 듣는 사람은 간혹
혼내는 시어머니보다 말리는 시누이가 더 밉다는 말처럼
'차라리 아무 말도 하지 않아 줬으면….' 하는 생각을 하기도 한다.
위로한다고 던진 말이 오히려 더 힘을 빠지게 하는 것이다.
그렇다면 이럴 때 우리는 어떤 말을 듣기 원할까?
또, 어떤 말을 해줘야 하는가?

오랜 시간 공감(empathy)에 대해서 연구한 브레네 브라운(Brené Brown)
교수는 공감과 동정(sympathy)을 구분하라고 한다.
동정은 상대방의 입장을 그저 불쌍히 여기는 데에 그쳐,
아무 위력도 힘도 발휘하지 못하지만
공감은 상대방을 위로하고 다시 세워주는 엄청난 힘이라고 말한다.

브레네 박사는 공감하기 위해 먼저 취해야 하는 자질 네 가지를 제시한다.
첫 번째, 상대방의 관점을 취할 것.
두 번째, 그들의 관점을 사실로 받아들일 것.
세 번째, 판단하지 않을 것.
네 번째, 상대방이 느끼는 감정을 인지하고 그 감정과 소통할 것.

한때 1년가량 너무 바쁘고 피곤한 시간을 보내면서
지옥의 쳇바퀴를 돌고 있는 느낌이 든 적이 있었다.

지금 내가 처해 있는 현실을 벗어나고자 하는 간절한 마음이 들었다.
극장 한 번 갈 수 없고, 책 한 권도 읽을 수도 없는
그런 고되고 숨 가쁜 상황 속에서 나의 통제력을 완전히 잃어버린 상태였다.
체력은 고갈되고 정신적으로도 피폐해져 내가 왜 사는지조차 모를 때였다.

어느 날 밤, 자기 전 유튜브(YouTube)에서 외국의 한 목사가 설교 중
사람은 창조적 동물이므로 아무리 분주해도
가끔은 영화를 보고, 재미나는 책도 읽어야 한다고 말했다.
내 얼굴과 상황을 모르는 그 사람의 말 한마디가
마치 나의 심정을 아는 것처럼 느껴져 어찌나 위로가 되던지.
상황이 달라진 건 없지만 누군가가 공감해준다는 것 자체가 위로가 돼
다음날 아침을 더욱 힘차게 맞이할 수 있었다.

우리는 이런 공감의 기술을 널리, 그리고 더욱 잘 활용해야 한다.
이 힘난하고 각박한 세상을 살아가는 서로를
위로하고 격려하며 이해하기 위해서 말이다.
괴로움은 문제가 근본적으로 해결되지 않는 한, 떨쳐내기 힘들 것이다.
그럴 때 우리가 해줄 수 있는 것은 '공감'이다.

"네가 너무 힘든 시간을 보내고 있으니 어떻게 위로해야 할지 모르겠어.
하지만, 너의 어려움을 나에게 말해줘서 고마워."

희. 로. 애. 락.

영어를 가르치는 데 있어서 가장 큰 장점이자 또 어려운 점은
가르치는 대상의 연령대가 다양하다는 것이다.
학교도 들어가지 않은 어린 아이들부터
초중고생, 대학생에서 주부, 직장인 그리고 어르신까지
모든 나이대의 학생을 만난다.

이미 나는 학창시절을 훌쩍 지나왔는데
다시 그들의 세계에 들어가 공감하고 맞춰준다는 것은
결코 쉬운 일이 아니다.
그러나 그들과 대화하고, 찡그리고,
웃고, 달래고, 위로하고, 놀라기도 하며
그들의 삶을 엿볼 수 있는 기회를 얻는다.

비현실적인 이야기를 주고받는 어린 아이들,
굴러가는 낙엽만 봐도 깔깔거리며 웃는 중고생들,
부푼 꿈과 희망이 가득한 대학생들,
일과 가정으로 바쁜 삶을 살고 있는 삼사십 대들,
자식을 다 키워놓고 조금은 여유 있는 삶을 사는 오십 대들,
모든 짐을 벗어던지고 마음껏 인생을 즐기는 육십 대들.

한 조사에서 100년가량을 살아온 노인들에게
언제가 가장 행복했냐고 물었다.
놀랍게도 대부분 이십 대가 아니라 육십 대라고 대답했다.
나이가 들어가면서 신체의 기능은 떨어질지 모르나,
그것보다 더욱 크게 얻는 값진 것은 분명히 있다.
그들은 육십 대에 인생의 지혜와 진정한 자유를 얻게 됐던 것이 아닐까.
그래서 그 시절이 가장 행복했다고 하는 것이 아닐까.
삶의 지혜와 자유를 찾게 되는 시기.

세월이 깃든 자유와 지혜를 얻기 위해 우리는 때때로
과거를 돌아보고 받은 상처와 아픔을 정리해야 한다.
나는 다양한 연령대의 사람들을 만나며
과거의 상처를 정리할 수 있는 기회를 종종 갖는다.
그들을 마주하며 자연스럽게 나를 돌아보게 된다.

1막 4장 아픔을 이겨내는 기쁨

내가 어떻게 컸는지,

사춘기 시절 내가 얼마나 부모님을 걱정시켰을지,

가족 부양을 위해 아버지가 얼마나 땀을 흘렸을지,

또 추후 나는 어떤 삶을 살게 될지….

그들을 통해 내 인생을 본다.

희. 로. 애. 락.

"I don't know what to say.
But I am so glad you told me."

-empathy

"너에게 뭐라고 말을 해줘야 할지 모르겠어.
하지만 나에게 말해줘서 고마워."

-공감 능력

생각하기

□ 이 시대를 이기기 위해 가장 필요한 경쟁력은 무엇일까?

□ 나의 공감능력은 어떤 수준인가? 내가 공감해줬던 경험을 써 보자.

□ 앞으로 어떤 삶을 살기를 기대하는가?

현재의 행복을
깨닫다

2막 1장

일의 기쁨

영어에 관한 수많은 오해와 진실이 있다.
그중 하나가 어려운 언어인 영어를
쉬운 언어처럼 둔갑시키는 것이다.
영어는 끝이 없는 작업이다.
그러니 정복하려 하지 말고 그냥 즐기면 된다.
그것이 영어에 대한 진실이다.

최적의 타이밍은 중요하다

영어를 가르치는 일처럼 시시한 일이 또 있을까, 나는 늘 생각했었다.
그저 말하고 듣는 일상을 가르친다는 것이 시시해 보였다.
그리고 아무리 똑똑한 사람도 이상하게 발음하고 틀린 문법으로 영어를
구사하면 한순간에 바보처럼 보이는 것이 싫었다. 허상 같아서.
그래서 대학생, 또 사회초년생일 때
영어를 가르쳐달라는 요청을 받을 때마다 나는 늘 도망 다녔다.

영어는 한국어와 비슷한 점이 없기 때문에, 한국인이 영어를 배우기란
다른 나라 사람들에 비해 쉽지 않다.
언어학자들에 의하면 한 언어에 능통해지기 위해서는 3,000시간이
투자돼야 한다. 영어와 반대되는 한국어가 모국어인 사람은
영어를 매끄럽게 구사하기까지 3,000시간 이상을 투자해야 할 것이다.

대한민국에서 영어를 잘하려면 어학연수를 다녀오거나,
영어 학교를 다니지 않고서는 타이밍을 잘 맞춰야 한다.
즉, 언어는 인지발달과 깊은 연관이 있기 때문에
아이들이 성장하는 시기에 맞춰
단계별 영어를 가르치는 것이 중요하다는 의미이다.

효과적인 영어공부에 있어서는
발음과 문법, 어휘, 그리고 스피킹의 타이밍이 있다.
시기적절하게 이 타이밍을 잘 맞춰 공부하면 효과적이지만,
이를 벗어난 시기에는 공부 효과가 떨어지면서 매우 소모적이 돼버린다.

박차를 가해 영어를 배워야 할 최적의 나이는
초등학교 4학년부터 고등학교 1학년까지이다.
사춘기가 곧, 영어 공부를 위한 인지능력이
발달하기 시작하는 시기이기 때문이다.

이때 운 좋게 영어 교사를 잘 만나 배우게 되면 기초가 탄탄해져
그 위에 계속 벽돌을 잘 쌓아 올리며 실력을 키워나갈 수 있다.
하지만 많은 경우 이 시기에 질풍노도에 휩쓸리고,
좋은 영어 교사를 만나지 못해 타이밍을 놓친다.

그래서 대학을 가서, 직장을 갖고, 가정을 꾸리고 또다시
영어를 배울 곳이 없을지 기웃거린다.
하지만 성인이 돼서는 토익이나 토플과 같은 시험에 맞춰진 영어수업이
주를 이루어 기초부터 영어를 제대로 배우기가 쉽지 않다.
그리고 시간을 만들기도 어렵다.

어릴 때부터 영어의 첫 단추를 잘못 끼운 사람들 중에는
'영어 울렁증'을 갖고 성인이 돼서도 영어와 담을 쌓는 이들도 있다.
하지만 자녀 교육을 위해 다시금 영어를 찾아온다.
영어가 그들을 찾아간다.

죽어도 영어는 가르치기 싫었던 나에게도 영어가 찾아왔다.
대학원을 다니며 우연히 시작한 교육 봉사를 계기로 지금도 영어를 가르친다.
이렇게 영어의 부메랑은 계속된다.
완전한 먹이사슬의 순환처럼.

정복이란 끝없이 즐긴다는 것 ────────

영어는 굉장히 어려운 언어이다.

적어도 대한민국 사람들에게는 그렇다.

발음부터 문장의 구조 그리고 표현 방법까지

어디 하나 한국어와 비슷한 구색을 찾아보려야 찾아볼 수가 없다.

그런데, 많은 사람들이 마치 영어 실력을 2~3개월 만에

완성할 수 있는 것처럼 자꾸 현혹시키려 한다.

절대 그런 것은 없다. 절대로.

영어는 독일어와 같이 게르만어에 뿌리를 두고, 라틴어와 그리스어가

합쳐진 유서 깊은 언어이다. 그래서 독일인이 영어를 곧잘 한다.

영어는 기독교 문화를 배경으로 하는 언어이며

식사·호칭·인사 등 언어뿐만 아니라 생활문화까지도

우리나라와 비슷한 구석을 찾아보기 어렵다.

그래서 다양한 문화에 관해 열린 마음을 갖지 않으면
영어는 바로 튕겨져 나간다.

그런데 이렇게 어렵고, 이질감이 느껴지는 영어를 알게 되면
누릴 수 있는 기쁨이 있다.
영어 덕분에 직장을 얻고, 연봉을 더 높게 받고,
해외여행을 자유롭게 다닐 수 있다는 이야기가 아니다.
많은 사람들이 그런 계기로 영어를 시작하지만,
영어의 진짜 매력은 사리에 밝아지고, 사람을 더 인격적으로 대하게 되고,
비판적 사고가 발달하며, 다양한 문화를 이해할 수 있어
인류를 향한 인간미를 느끼게 되는 데 있다.

영어는 끝이 없다.
매일 네 개의 영어 단어가 사라지고 일곱 개가 생긴다고 한다.
정복할 수 없다는 말이다. 그래서 그저 즐겨야 한다.
즐기기 시작하면 신기함, 놀라움, 따뜻함, 쾌감, 희열과 같은
기쁨이 찾아온다.

유목민의 비결, 오픈 마인드

영어를 다시 공부하기로 마음먹었거나
현재 열심히 공부하고 있는 사람들에게도
영어를 향해 마음을 활짝 열 수 있도록 도울만한,
마음에 새겨두면 좋을 세 가지 키워드를 추천한다.
바로 다양성(diversity), 포용력(embracement), 노머드(nomad)이다.

다양성은 곧 인종, 문화, 세대를 아우른다.
이 다양성의 대상을 수직적으로 보지 말고, 수평적으로 바라볼 수 있다면
더욱 재미있게 살아갈 수 있게 될 것이다.

포용력은 다양성과 급변화에 관한 것을 말한다.
휘몰아치는 다양화와 갑작스러운 변화에 당황하지 말고
포용하기 위해 먼저 다가가자.

유목민이라는 뜻의 노머드는 우리가 유목민들이 갖는 삶의 특징을 배우면 급변하는 물결에 휩쓸리지 않고 잘 살 수 있게 되는 것을 말한다.

유목민들의 삶의 특징은
간편성(lightness), 휴대성(portability), 적응성(adaptability)이다.
시대적인 변화를 받아들이고 지혜롭게 대처하기 위해
꼭 필요한 마인드이다.

이 세 키워드를 새겨두면 오늘날을 더 잘 이해하게 될 것이다.
그리고 영어는 이 시대가 요구하는 세 가지 키워드를
쉽게 체화할 수 있도록 도와줄 것이다

직접 활용하지 않더라도, 영어에 대한 마음을 여는 것만으로도
우리가 살아가는 세상을 받아들이고 동시대 사람들과 함께하고 있음을
느낄 수 있게 하는 기쁨이 돼줄 것이다.

길 위의 모든 스승 —————

영어를 가르치기 시작하면서 이 일이 아니면 만날 수 없는
다양한 사람들을 만나게 된다. 그것도 꽤 오랜 시간 동안 함께하며.

다양한 연령대의 학생들, 아이들의 학부모, 직장인이나 주부, 대학생,
그리고 기업 임원, 손주를 자랑하는 어르신들까지
수많은 사람들을 만나면서 그들에게 영어로 말하게 하고, 글을 읽고 쓰게
하면서 느끼는 것은 모두가 각각 '독특'하고 '다양'하다는 것이다.
완벽히 똑같은 삶의 패턴을 가진 사람들은 없다.
이렇게 다양한 사람들을 파악하고 이해하기까지는
많은 에너지와 시간이 소요된다. 이는 영어를 가르치는 데 있어서
많은 힘이 소요되면서도 가장 필요하고 중요한 부분이다.
학생들이 교사에게 신뢰를 갖도록 돕는 것이 가르침에 있어, 효과적이다.
이를 위해서 먼저 그들을 알고 이해해야 한다.

사람을 대하는 일은 아마 다 마찬가지일 것이다.
학생을 이해하면 더욱 잘 가르칠 수 있고,
그들에게 기대하는 마음도 가질 수 있다.

이 과정에서 가장 많은 혜택을 보는 것은 나다.
이들을 통해 나의 인격과 생각이 성장하고 있음을 본다.
사람을 더 이해하고 공감하는 마음을 갖게 되며,
무엇보다도 많은 사람들로부터 받는 상처도
그냥 넘길 줄 아는 지혜를 갖게 된다.

그리고 마주하는 모든 사람들이
진정 나를 키워주고 성숙하게 만들어주는
나의 스승이라는 것을 깨닫게 된다.

The English language is
nobody's special property.
It is the property of the imagination.

-Derek Walcott

영어는 그 누구의 소유도 아니다.
영어는 상상력의 소유이다.

-데릭 왈콧

생각하기

▫ 현재 나의 상황에 맞게 하고 있는 일은 무엇인가?

▫ 나만 알고 있는 나의 일에 대한 진실은 무엇인지 떠올려 보자.

▫ 나는 세상을 향해 오픈마인드를 갖고 있는가? 어떤 마인드인지 써 보자.

▫ 나를 성장시키며 가르침을 주는 것은 무엇인지 적어 보자.

꿈을 찾는 기쁨

어릴 적 우리 모두는 꿈을 꾸며 살았다.
"꿈이 뭐야? 커서 뭐 되고 싶어?"
무엇이든 대답할 수 있었다.
그러나 나이가 들고 현실에 부딪히면서
우리의 꿈은 저만치 멀어져간다.
하지만 장롱 속에 박혀 있던 꿈을
다시 한 번 용기 내어 꺼내 보자.
옛꿈은 지나가 버렸더라도
새로운 꿈이 생길지도 모른다.

잃어버린 꿈을 찾아서

기업 영어강의에서는 서로 대화를 나누는 회화수업이 최고 인기다.
살면서 영어로 하는 대화처럼 진실해질 수 있는 시간이 또 있을까?
말하고자 하는 사람은 많지만 들어주려는 사람은 턱없이 부족한 세상이다.

그래서 우리는 답답한 마음을 풀고 문제를 해결 받기 위해
돈을 내고 전문 상담사를 찾아간다.
상담이 문제를 해결해주지는 않지만 두 가지 이점을 준다.
전문가로서 비밀을 보장해줄 것이므로 더욱 솔직해질 수 있다는 것.
그리고 일방적으로 이야기를 꼼꼼히 들어준다는 것이다.
솔직한 대화는 곧 전문 상담사로부터 핵심적인 질문을 이끌어낸다.
그리고 그 질문에 대답하는 과정에서 스스로를 돌아보며 해결책을 찾게 된다.

그래서 나는 영어 회화수업을
두 마리 토끼를 잡을 수 있도록 활용한다.
사회의 화젯거리를 기사로 읽은 뒤 사람들의 의견을 묻고 답하다 보면
영어 실력 향상뿐만 아니라, 개인적인 생각과 경험을 떠올리며
자신을 돌아볼 수 있는 기회가 되기도 한다.

평소에 생각하지 못했던 개인적인 질문을 영어로 받고,
그 질문에 관해 깊이 생각할 수 있는 시간을 갖는다는 것은 행운이다.
상담사를 찾아가지 않고도
숨어있던 자아를 다시 발견할 수 있는 시간을
살면서 얼마나 가져볼 수 있겠는가?
영어로 이야기하다 보면 더욱 진지해지고 솔직해지면서
마음의 짐을 조금이나마 내려놓을 수 있게 된다.

회화수업에 참여한 구성원은 서로 의견을 나누고 조언을 아끼지 않는다.
이렇게 영어는 수업에 참여하는 모든 사람들을
진실하게 만드는 힘이 있기에
나는 '자신을 돌아보게 하는 신성한 상담의 시간'이라고,
감히 영어 회화수업을 정의 내린다.

수업 중 가장 인상 깊었던 주제는 '꿈'이었다.
나는 그들에게 영어로 묻는다.

"오늘의 주제는 꿈입니다. 당신은 꿈을 이루셨습니까?
아니면 아직도 꿈을 이루고 있는 과정입니까?"

다 큰 성인들에게 꿈을 물어보면 당황스러워한다.
자신이 꿈을 꾸었던 적이 있었을까 확신을 못하는 표정이다.
어떤 사람들은 황홀한 눈빛으로 자신의 꿈을 고백하기도 하지만
대부분의 사람들은 하고 싶은 취미생활 정도로 일축한다.
그리고 생계를 위해 예전에 갖고 있었던 꿈을 포기했다고 결론 내린다.

가족을 넉넉히 부양하기 위해 두 가지 일을 병행하는 사람도 적지 않다.
주말도 없이 일하는 사람들을 보면 그 부지런함에 깜짝 놀란다.
가족을 위해 열심히 일하는 것처럼 이 세상에서 더 고귀한 일이 있을까.
하지만 그래도 아버지나 어머니이기 전에 남편과 아내이기 전에,
한 사람으로서 자신의 꿈을 향한 열망이 있었을 것이다.

인생의 대부분은 직장에서 흘러간다.
그런데 영어를 통해 만나는 사람들이 자신의 일을 즐기지 못하고,
예전의 꿈을 그리워하고 있다면 마음이 좋지 않다.

미국의 '포브(Forbes)'지에서 조사한 바로는
미국의 46%만이 현재 하는 일에 만족한다고 한다.
어떤 요소가 일을 만족하게 하는지에 대한 조사에서는

59%가 '일에 대한 흥미'라고 했고,
60%가량이 '직장에서 함께 일하는 사람들'이라고 대답했다.

불만족 요소들은 '적은 임금', '제한적인 성장',
'일에 대한 흥미 부족', '직장의 부족한 관리 능력',
'상사의 부족한 지원', '의미 있는 일에 대한 상여금 미지급'
그리고 '일과 생활의 불균형'이라고 한다.

하지만 위의 요소들은 모두 통제할 수 없는 일이다.
모두 회사가 주도권을 갖고 있으며,
직원은 책임감을 갖고 회사의 결정과 정책을 따라야 한다.
자신이 통제할 수 없는 것으로 삶의 만족과 행복을 찾으려 한다면
어쩔 수 없이 많은 위험 부담을 안게 된다.
원하는 삶을 살기 위해서는 통제할 수 있는 나의 울타리를 만들어야 한다.
그러기 위해서는 자신만의 꿈을 꿔야 한다.
주어진 일에 최선을 다 하되, 주도권을 가질 수 있는
자신만의 꿈이 있을 때 자유로워질 수 있다.

영어 회화수업에서는 침묵을 깨고 이야기를 나누며
예전에 꿨던 황홀했던 꿈을 다시 부활시킨다.
그리고 다시 한 번 힘을 내 꿈의 가능성을 함께 점쳐본다.
더불어 현재의 일에도 의미를 부여하며 목표를 이루도록 도와주고

지금 그 자리에서 행복을 누릴 수 있도록 수업을 이어간다.
성공한 사람들과 이뤄지는 인터뷰에서는 종종
생계 때문에 하고 싶은 일을 못 하고 있는데
어떻게 하는 것이 좋겠냐며 조언을 구하는 질문이 나온다.
그러면 대다수가 꿈을 포기하지 말라고 대답한다.
이는 지금의 일을 당장 그만두고
원했던 것을 하라는 뜻이 아니다.

그들은 이렇게 조언한다.
지금 할 수 있는 일을 당장 그만 둘 수 없다면,
한 살이라도 더 나이 들기 전에 지금 주어진 조건에서
하고 싶은 일에 대한 계획을 하나둘씩 세워나가라.
그리고 실천할 수 있는 것을 하나씩 해나가라.
진정으로 원하는 일은 온 우주가 도와줄 것이다.
나이가 들수록 힘이 없어지고, 살날은 짧아진다.
그러니 당장 계획부터 세워라.

그리고 지금 하고 있는 일에 감사하라는 말도 잊지 않는다.
그렇다면 현재 하는 일이 꿈을 막는 것이 아니라
장롱 속 깊숙이 박혔던 꿈을 다시 꺼내어 보도록 돕는
고귀한 일이라고 믿을 수 있게 될 것이다.

희망은 우리의 삶을 이어나간다.

희망을 잃는 것은 삶의 의미를 잃는 것이다.

다시 말해서 삶을 잃는 것이다.

나이에 상관없이 우리 모두는 꿈을 꾸며 살아야 한다.

꿈을 잊어버렸다면 지금 다시 새롭게 시작하자.

주체적인 삶이 만드는 인류의 꿈 ─────

부모가 되면 삶의 중심은 온통 아이가 된다.
끝없는 희생과 사랑 그리고 인내심을 보여야 한다.
아이 앞에서는 힘들어도 내색하지 않는다.
하지만 영어 회화수업에서는 좀 더 솔직해진다.

일상생활에서 가장 많은 스트레스를 주는 것이 무엇인지
주부들에게 물어보면 모두가 한결같이 의외의 대답을 말한다.
"육아요!"

아이들이 어느 정도 자라 엄마 손이 덜 필요하게 되면
주부들은 다시 일을 찾는다. 보통 50대가 가장 많이 일을 하고 싶어 한다.
자녀를 둔 직장인들에게 영어를 가르치다 보면 주말부부를 종종 만난다.
그들에게 "주말마다 왔다 갔다 하느라 힘드시겠어요."라며 위로의 말을 건넸더니 이런 대답이 돌아왔다.

"네? 무슨 말씀이에요?

주말부부가 되려면 3대가 덕을 쌓아야 한다는 거 모르세요?"

우스갯소리지만 가족을 살피는 것이

얼마나 힘들고 어려운 일인지를 암시하는 말이다.

한 여성 직장인은 자라면서 "이혼하고 싶어도 너희들 때문에 못 하고

희생하며 살았다"는 어머니의 말이 제일 듣기 싫었다고 했다.

그런데 직접 결혼해서 아이를 낳고 부모가 돼보니

아이들이 예쁘고 좋아서 스스로 희생을 선택하게 된다고 했다.

아이가 있는 것 그 자체가 엄청난 보상이며

모든 것을 제쳐놓고 아이와 함께 있는 시간을 선택하는 것은

희생이 아니라 보상이라는 것이다.

가족을 위해 희생하는 것이 아니라, 직접 원해서

희생을 '선택'하는 것이라는 말에 공감이 갔다.

대한민국의 눈에 띄게 낮은 출생률이 그대로 이어지면

2100년에는 인구수가 이천만 명 이하로 떨어지게 되고,

2750년에는 공룡처럼 한국인이 멸종된다는 조사결과가 나왔다.

하지만 미국의 한 컨설팅업체의 조사에 의하면 밀레니얼(millennials) 세대는

그 어느 세대보다도 결혼을 원한다고 했다.

즉, 결혼이 싫어서 기피하는 것이 아니라
편안한 삶을 살지 못할까봐 두려워하는 것이다.

아무리 소득이 많아져도 즐기고 누릴 것이 너무 많아,
마음이 채워지지 않는 현실과 혼기가 차면 결혼을 해야 하고
결혼을 하면 아이를 낳아야 한다는 사회적 통념이 깨지면서
혼자서 또는 아이 없이 살아도 이상한 시선으로 보지 않는 추세가
삶의 방식을 더 다양하게 만들었다.

그러나 사실은 결혼을 하고 싶고 아이도 갖고 싶은데
풍요로운 삶을 누리지 못하게 될까봐 두려움에 떠밀린 선택이
과연 우리의 인생을 풍요롭고 자유롭고 행복하게 만들어줄 수 있을까.

주어진 환경과 조건에 맞춰 살아가는 것이 아니라
먼저 삶의 가치를 발견하고 스스로 환경과 조건을 바꾸겠다는 의지로
이끄는 나날을 영위하라고 이 세대 젊은이들에게 독려하고 싶다.
두려워서 포기하지 말고 자신의 존재 의미를 찾아
주도적인 삶을 살기를….

매일 물주기를 멈춰서는 안된다

매일 아침 똑같은 시간에 일어나 아침식사를 하고, 출근 준비 후
일상을 시작한다. 그리고 매일 똑같이 하루를 마치고, 퇴근한다.
과연 이 지친 몸을 이끌고 집까지 갈 수 있을까 걱정하지만
놀랍게도 매일 무사히 집에 도착한다.
다음날이면, 똑같은 하루가 또다시 시작된다.

나는 같은 일을 반복하는 것을 가장 기피한다.
영어를 가르칠 때도 같은 교재와 수업을 반마다 그대로 적용하는 것이
싫어 고민하다 다양한 프로그램을 개발했다.
수고스럽더라도 다양한 교육프로그램으로 영어를 가르치는 것을
마다하지 않겠다고 결정했다.

매일의 일상이 반복되는 것은 지루할 뿐만 아니라
발전 없는 삶으로 느껴져 종종 나를 지치게 만들었다.
남들은 진급이니, 상여금이니, 연봉 인상이니 하며
좋은 일이 가득한데 나만 멈춰있는 것 같았다.
조바심이 나기도 하고 가만히 있으면 안될 것 같다는 생각도 들었다.
그런데 어느 날 수업을 위해 영어 시사 글을 찾아 보다가
성장과정은 보이지 않는다는 글을 읽게 됐다.

흙 속에 묻어 있는 씨앗이 땅을 뚫고 새싹을 피울 때까지 우리는
어떤 변화도 볼 수 없다. 하지만 매일 물주기를 멈춰서는 안 된다.
반복되는 물주기를 통해 어느 날 작은 새싹을 보게 되고,
꽃이 피는 것을 발견하게 된다.

중요한 것은 물주기는 계속돼야 한다는 것이다.
이는 할 일을 계속 묵묵히 수행한다는 의미이다.
변화가 눈에 보이지 않더라도 성실히 일상을 살아가야 한다.

영어도 마찬가지다. 실력이 자라는 것은 눈에 보이지 않는다.
전혀 늘지 않는 것처럼 느껴지지만 꾸준히 공부하다 보면
어느새 발전해 있다. 그래서 조금은 답답하더라도
쉬지 않고 계속 물을 줘야 한다.

지난날을 돌아보니 지루하고 답답해도 나는 물주기를 놓지 않았다.
아무런 발전이 없는 것처럼 보이는 내 삶을
불안한 마음 있는 그대로 인내했다.
그렇게 꾸준히 같은 8년간 이어오고 9년 차부터는 놀랍게도
통찰력이 생기며 자신감이 붙었다.
이것은 그 시간을 지나온 사람만이 느낄 수 있다.

한 분야의 전문가가 되려면 1만 시간을 투자해야 한다고 한다.
하루에 7시간 일을 하면서 7~8년이 지나면 1만 시간이 채워진다.

우리는 꾸준히 우리의 일상을 살아야 한다.
그리고 이 일상을 살아가기 위해서
때로는 주변을 의식하지 않아야 할 때도 있다.
꽃은 흔들리지 않는 믿음과 함께
끊이지 않는 매일의 물주기에서 피어난다.

행복의 과학, 영혼이 통하는 사람 ————————

우리 모두의 공통된 꿈은 바로 행복이다.
'행복의 과학'은 우리가 유전자를 바꿀 수는 없어도
보이는 모습은 바꿀 수 있는 것처럼,
또 노력하면 운동을 잘할 수 있는 것처럼
훈련을 통해 더 행복해질 수 있다고 말한다.
우리가 어떤 생각을 어떻게 실천하느냐에 따라
행복을 조정할 수 있다는 것이 '행복의 과학'이다.

인간은 행복의 세 가지 조건 안에서 늘 고민하고,
이를 얻기 위해 끊임없이 노력하며 살다 간다.

그 세 가지는 바로 '건강', '돈', 그리고 '관계'이다.
행복을 위해서 건강과 돈은 필수겠지만,

행복을 완성시키는 것은 분명 관계일 것이다.
그리고 이 관계 속에는 '친구'라는 존재가 자리 잡고 있다.

친구와 지인의 차이는 무엇일까?
무엇이 더 중요한 관계이고, 행복에 크게 기여할까?
영어수업을 하며 논의한 친구와 지인의 정의는 다음과 같다.

친구는 따뜻하다.
친구는 동갑이어야 한다.
친구는 오래된 관계이다.
친구는 어려울 때 발 벗고 나설 수 있어야 한다.

그렇다면 지인은?
지인은 나이와 상관없다.
지인은 관계가 오래됐든 짧든 상관없다.
지인은 기브 앤 테이크(give and take)가 확실하다.
지인과의 대화는 짧다.

그럼 누가 더 인생에 도움이 되나?
잠시 침묵이 흐른다. 그리고 다들 지인이라고 대답한다.
아는 사람이 많을수록 실질적인 도움을 얻을 수 있다는 것이다.

하지만 "누가 더 나를 행복하게 해주나요?"라는 질문에는
모두가 서슴없이 '친구'라고 대답한다.
친구와 지인의 정의에서 가장 큰 차이점은
'친밀감'이라는 것을 알 수 있다.
사람과 사람 사이에서 친밀감을 만들어내는 행복의 과학은 바로
'솔직함＋진실함'이다.

지인과는 달리 친구가 행복을 완성시키는 이유는
이 친밀감을 느끼기 때문이다.
나는 이 친밀감을 영혼이 통하는 관계라고 다시 정의하고 싶다.
솔질함과 진실함은 이러한 관계로 이어진다.
영혼이 통하는 관계가 되기 위해서는 많은 시간이 소요되거나
동갑일 필요가 없다. 조건 없이, 따지는 것이 없이 있는 모습 그대로
영혼이 통하는 친구가 있다면 인생의 행복 절반은 이룬 셈이다.
그래서 나는 친구란 나이가 적든 많든 상관없이,
영혼이 통하는 관계라고 정의 내린다.

우리는 수많은 사람들을 만나며 인생을 살아간다.
좋은 친구가 한 명이라도 있으면, 인생은 훨씬 행복할 것이다.
우리 모두의 공통된 꿈은 행복이고
행복의 절반은 누가 됐든,
영혼이 통하는 사람인 '친구'를 갖는 것이다.

"I dream my painting
And I paint my dream."

-Vincent Van Gogh

"나는 그림 그리는 것을 꿈꾼다.
이후에 내 꿈을 그린다."

-빈센트 반 고흐

생각하기

▫ 어린 시절 내가 갖고 있었던 꿈을 떠올려 보자.

▫ 나는 지금 어떤 꿈을 꾸고 있는지 적어 보자.

▫ 나는 미래를 위해 물주기를 멈추지 않고 계속 해나가고 있는가?

▫ 행복을 위해 나는 어떤 노력을 하고 있는지 생각해 보자.

성공을 알아가는 기쁨

우리 모두는 성공하고 싶어한다.
그러나 정말 성공하기를 원한다면
자신만의 정의를 먼저 내려야 한다.
한번 살다가는 이곳에서
나는 진정 성공적인 삶을 살았다고
말할 수 있게 하는 것은 무엇일까.

먹고 살려고 하다 보니 ─────────

한때 나는 '커리어우먼'으로 '멋지게' 일하며 '여유롭게' 살기를 꿈꿨다.
여기서 중요한 것은 바로 '멋지게'와 '여유롭게'이다.
그 누구도 힘들게 일하는 것을 꿈꾸지 않을 것이다.
나도 그랬다. 내가 하고 싶은 일을 하며 돈에 구애받지 않는
멋진 삶을 꿈꿨다.

하지만 현실은 내가 꿈꿔왔던 여유로움과는 거리가 멀었다.
사회초년생일 때는 금전적으로 아버지에게 기댈 수 있어서
그다지 열정적으로 일하지 않았다.
그래서 내가 그렸던 것처럼 '멋지게' 살 수 없었다.
삶을 알아가고 어느 정도 경험을 쌓으면서 전문가가 돼갈 즈음에는
자신 외에는 기댈 곳이 없어져 열심히 일해도 마음이 여유롭지 않았다.

지금까지 쉰 적은 거의 없었지만
상황에 따라 일을 대하는 나의 자세는 달랐다.
기댈 곳이 있는 상태에서 일을 하는 것과
오로지 나 자신만을 의지하면서 일하는 것은 천지 차이였다.
또한, 회사원과 프리랜서의 삶은 달랐다.

직장을 다닐 때는 회사라는 틀 안에서 매달 보장되는 월급을 받아
생활이 안정됐지만 그다지 도전적이지는 않았다.
프리랜서로 지내기 시작하면서 자유를 얻었지만
오르락내리락 하는 수입의 불안을 수년간 견뎌야 했고,
현재보다 더 나은 삶을 살기 위해 쉴 틈 없이 고민해야 했다.
그리고 이런 생활이 괜찮은 척 나를 위로하며
매일 밤 평안히 잠들려고 애써야 했다.

수업 중 한 직장인이 나에게 이런 말을 했었다.
"프리랜서는 그냥 '을'이 아니고 을 중에서도 '을'이죠"
을 중에서도 을인 나를 지키며
이런 상황에서도 꽃피우기 위해 발버둥 치다 하루를 마치면,
잠들기 전 새삼 죽지 않고 살아 있는 나 자신을 발견한다.
불안감을 견디고 도전과 고민을 거듭해오면서
노동이 왜 신성하다고 하는지, 어떻게 한 분야에 베테랑이 탄생하는지,
전문가는 쉽게 되는 것이 아님을 깨닫게 됐다.

지금 내가 가는 이 길이 힘들고 고될지라도
생활을 지속하기 위해, 지켜야 할 식구가 있다 보니,
쉽게 포기할 수 없어 그저 앞만 보고 달리게 됐다.
더 많은 공감능력과 좋은 아이디어가 생기고, 고개도 숙여지게 됐다.
다 먹고 살려고 하다 보니.

내가 꿈꿨던 여유로운 커리어우먼은 없었다.
하지만 유명 영화배우도, 국회의원도, 대통령도
'다 먹고 살려고 하다 보니'로 시작했을 것이다.
어쩔 수 없이 포기하지 못 하고 을 중에서 '을'로 열심히 살다 보니
안정되고 성공하게 되면서, 비로소 원하는 세상을 보았을 것이다.

그리고 세상이 보이기 시작할 때 우리는
먹고 살려고 하다 보니 여기까지 왔던 그 시절을 잊지 않고
사회를 위해서, 나라를 위해서, 또 인류를 위해서
제 2막의 삶을 열어야 한다.

성공의 원천은 무궁무진하다 ─────────────

성공하는 사람들이 갖는 공통 습관에는 여러 가지가 있다.
매일 아침 묵상을 하거나, 폭넓은 분야의 책을 읽거나….
그러한 습관 중 특별히 공감하고 배우고 싶은 것은 바로
남을 '칭찬'하고 '감사'하는 습관이다.

누군가가 크게 성공하면 주위 사람들은 자연스레 시기와 질투를 하게 된다.
심한 경쟁 속에서 살아온 사람일수록 무의식중에
이 세상의 원천은 제한돼 있으며, 다른 이의 성공이
나를 성공시킬 원천을 가져간 것이라고 생각하기 때문이다.

특히 우리나라 중고등 교육과정에서 상대평가로 경쟁해 온 아이들은
자신보다 잘하는 아이가 있으면 안 됐기 때문에 성인이 돼서도
타인의 좋은 성과보다 뒤떨어지는 데에 관한 심리적 불안을 느끼게 된다.

하지만 성공한 사람들은 원천에 대한 생각이 다르다.
원천은 무궁무진하다고 생각하므로, 타인과 비교하며
내가 사용할 수 있는 원천이 줄어들었다고 생각하지 않는다.

오히려 저들이 성공했으니 나도 할 수 있다는 희망을 얻고
그들의 성공을 함께 기뻐한다. 그리고 그들의 성공에
감사하는 마음까지 담아낸다고 한다.

성공한 사람이 주변에 있다면 인정하고
진정으로 기뻐하며 그 상황에 감사해 보자.
그러면 나의 성공도 서둘러 찾아올 것이다.
성공의 원천은 무궁무진하다.

가장 남는 투자는 머리에

우리는 태어나자마자 의식주를 비롯해 교육 등의 투자를 받기 시작한다.
CNN에서는 아이를 만 17살까지 키우는 데 총 22만 3,600달러가
든다고 보고했다. 한화로 약 2억 5천만 원의 비용이다.
대학까지 입학시키려면 더 많은 돈이 든다.
한 생명이 태어나면 이렇게 부모와 국가는 투자를 시작한다.
국가는 국가를 위해서 그리고 부모는 자녀를 위해서.

생명이 자라 스스로 경제력을 가지면 또다시 자신에게 투자를 시작한다.
옷을 사고 맛있는 음식을 먹으며, 좋아하는 사람과 시간을 보내고, 여행을
떠난다. 그리고 사랑하는 사람을 만나면 그에게 평생을 투자하기도 한다.

워라벨을 추구하는 밀레니얼 세대는 어떤 것을 가장 남는 투자라 생각할까?
취미활동을 위한 투자? 휴가를 위한 투자? 집을 마련하기 위한 투자?

2막 3장 성공을 알아가는 기쁨

직장생활을 하면서 대리 직급을 막 달았을 때,
회사 선배와 오랜만에 만나 이야기를 나누던 중
들었던 말이 인상 깊게 남았다.
한참 옷이나 차를 사고, 여행을 다니는 것에 관심이 많았던 시절
그 선배는 이렇게 조언을 했었다.
"머리에 투자하는 것이 가장 남는 거야."

이 말을 들었을 당시에는 무슨 의미인지 언뜻 와 닿지 않았다.
그런데 직장생활을 오래 이어오고 나이가 점점 들면서
무슨 의미인지 깨달을 수 있었다.

일만 하다 보니 그동안 받았던 교육의 콘텐츠가 고갈되고 있었다.
바쁘다는 핑계로 나를 계발하고, 계속 배우려고 하지 않다 보니
원천이 점점 사라져가는 것을 느끼게 된 것이다.
아무리 벌이가 있어도, 새 옷을 사 입고 해외여행을 다니거나,
핸드폰을 2년에 한 번씩 바꿔도 성장의 기쁨은 누릴 수 없었다.

머리에 투자했을 때 이익이 있다는 뜻은 '성장의 만족감'을 뜻하는 것이다.
성장을 통해 느끼는 기쁨과 행복이다. 아무리 오랜 여행을 즐기고
비싼 옷을 입어도 혹은 명품 핸드백을 갖고 있어도 이에 비할 수 없다.

나에게 조언했던 그 선배는 자기 신념대로 다니던 회사를 그만두고
해외 유학을 위해 영어 공부를 시작했다.
1년을 넘게 백수로 지내며 꾸준히 미국 대학원을 준비했다.
적지 않은 나이에 백수 시절을 감내하는 것이 얼마나 불안했을까.
당시 영어 에세이 쓰는 것을 도와줬는데 지금 생각해 보면
선배의 투자에 내가 함께 했었던 것이다.

그는 한 번의 재수 끝에 미국 MBA(전문경영대학원) 과정에 입학해
졸업한 후 한국으로 돌아와 다시 수년을 일했다.
그러더니 다시 박사학위에 도전했다. 그리고 해외로 나갈 여유는
되지 않아 국내에서 5년 만에 학위를 받았다.

40이 훌쩍 넘었지만 현재 국립 대학교 교수가 됐다.
교수가 돼 학생들을 지도하고 연구하며
한 분야의 전문가로서 TV에도 출연하고,
자문위원회에서도 활동하며 현재 사회 여러 분야에 도움을 주고 있다.
최근 그 선배를 만나 보니 지적인 삶의 만족도가 상당히 높아 보였다.

우리는 주어졌거나 축적해놓은 원천으로 살아간다.
원천을 머릿속에 가득 채우고 하나씩 빼서 쓴다.
그런데 꺼내서 쓰기만 하다가는
어느새 원천이 고갈 돼버렸을 때 어찌할 바를 모르게 될 것이다.

아무리 돈과 시간이 많고 여유 있을지라도
새로운 깨달음이 있지 않으면 만족감은 떨어진다.

삶의 질을 원하는 이 시대.
워라벨을 가졌다면 어떻게 이용할 것인지에 대해서도 생각해야 한다.
우리가 꿈꾸는 워라벨이란 원천을 가득 채워가며
즐길 줄 아는 삶이 아닐까.

실패를 거듭할지라도

몇 년 전 오랜만에 만난 고등학교 친구가 이런 말을 했던 적이 있다.
"인생은 아주 가끔 행복한 것 같아. 우리는 가끔 행복을 느끼기 위해
매일 그저 그런 삶을 살고 있는 것일 거야."

공감과 이해가 됐지만 인정하고 싶지는 않았다. 인생에 지는 것 같아서.
인정하면 인생 앞에서 내 자존심이 상할 거 같았다.

그래서 하루하루가 주말만 바라보는 그저 그런 삶으로 끝나지 않도록
삶과 일 속에서 순간의 기쁨을 찾고 나를 발견하려 노력한다.
그러다 보니 어느 순간부터 인생 자체가 나의 경쟁상대가 돼 버렸다.
매일의 삶을 즐기고 누리면 인생을 이기며 사는 것 같았다.
인생과 또 경쟁하는 것이다.

삶이 참 쉽지 않다.

열심히 살아가는 와중에도 다른 사람들이 나를 가만히 두지 않고,

또 나도 가끔은 주위 사람들을 걱정스럽게 할 때도 있다.

우리가 조금만 더 서로에게 관대하면 좋을 텐데,

지나친 경쟁 속에 살다 보니 서로의 약점을 덮어주기란 참 쉽지 않다.

경쟁 속에서 학창시절을 보냈기에 늘 있었던 '경쟁대상'이 없으면

불안해져 억지로라도 인생을 대상으로 경쟁하려는 것이 아닐까?

그래서 어떻게 하면 오늘도 수업을 통해 만나는 사람들이

아등바등 살지 않고 삶을 관망하며 관대하게 살 수 있도록

도울 수 있을까 고민한다. 물론, 실패하는 날도 있다.

하지만 그래서 삶에는 인문학이 필요한 것이다.

'성공은 열정을 잃지 않고 실패에서 실패로 가는 과정을 포함한다.'라는

윈스턴 처칠(Winston Churchill)의 말을 되새기며

삶의 기쁨을 전하기 위해 다시 일어난다.

실패를 거듭할지라도,

자신과 매일의 발견이 기쁨이 돼 삶 속에 머물기를….

이것이 성공하는 삶을 살아가는 과정이고

성공을 알아가는 기쁨이다.

Success consists of going from failure
to failure without loss of enthusiasm.
-Winston Churchil

성공은 열정을 잃지 않으면서
실패에서 실패로 가는 것을 포함한다.

-윈스턴 처칠

생각하기

□ 성공한 사람을 봤을 때 나의 반응은 어떤지 적어 보자.

□ 나의 미래를 위해 현재 어떤 투자를 하고 있는가?

□ 실패를 할지라도 열정을 잃지 않고 계속 나아갈 수 있는
  나의 인문학을 떠올려 보자.

깨달음의 기쁨

깨달음은 감동을 선물한다.
감동은 기적을 만든다.
매일 기적이 일어나는 삶을 살고 싶다면
매일 깨닫고 감동해 기적을 일으키자.

당장 시작하자, 땡큐 & 쏘리

우리나라처럼 경쟁이 심한 곳이 또 있을까.

이 세상 그 어느 곳에도 없을 것이다.

아이들은 밤늦도록 학원을 다니며 국영수뿐만 아니라

재미와 행복을 위해 교양으로 배우는 예체능까지도 억지로 배운다.

교육 세미나에서 동시통역을 할 때, 우리나라의 초중고 학생들이 어떻게

학원을 다니며 공부하는지를 세계 교육관계자들에게 이야기하다 보면

모두 입을 벌리고 믿을 수 없다는 표정으로 나를 바라본다.

이렇게 놀랍도록 힘든 일을 우리나라 아이들이 해내고 있다.

기뻐해야 할지, 슬퍼해야 할지.

우리나라의 중고등학생들을 보고 있으면 모두가 교과서에 머리를 박고

맥주병 입구를 통과하려 애쓰는 것처럼 보인다.

시대가 달라졌는데도 여전하다는 점이 참 놀랍다.

문제는 아이들의 교육환경이 이렇다 보니
남을 먼저 생각하는 배려심이 많이 부족해진다는 것이다.
대한민국은 예부터 으레 동방예의지국이었다고 하는데
더는 우리나라와는 상관없는 말인 것 같다.
외국에서 '예의' 하면 떠오르는 국가는 신사의 나라 영국이다.
여전히 영국은 신사의 나라이자 예의를 잘 지키는 나라로 인정받고 있다.
그들이 왜 신사의 나라로 불릴까?
그저 "땡큐(Thank you)"와 "쏘리(sorry)"를 굉장히 자주 사용하기 때문이다.

실질적으로 부딪힌 것이 아니라 단지 부딪힐 뻔만 해도 사과를 한다.
거스름돈을 받을 때는 이런 당연한 사실에도 고맙다고 한다.
식당에서 물을 따라주는 웨이터에게도 미소와 함께 감사를 전한다.
서로의 존재와 필요를 인정하고 수고를 늘 의식하며
감사하는 마음이 있기에 가능한 것이다.

출장 차 영국행 비행기를 탔을 때의 일이다.
비행기 안에서 화장실을 이용하기 위해 문을 밀었으나 열리지 않았다.
안에 누가 있는 것인지 내 힘이 약한 것인지 몰라 한 번 더 문을 밀었다.
그러자 옆의 한 중년 영국인 여성이 웃으며
"안에 사람이 있어요."라고 나에게 말했다.
이어 "앗, 죄송합니다. 지금 화장실 줄에 서 계신 건가요?"
하고 내가 묻자, 그는 "아니에요."라고 대답했다.

곧, 중년의 영국인 남성이 화장실에서 나왔다.
방금 대화를 나눴던 여성의 남편이었다. 그는 나를 보며 씩 웃었다.
그리고 아내는 남편과 함께 자리로 돌아가면서
미소 지으며 "땡큐."라고 말했다.

'땡큐? 뭐가요?' 자리에 돌아와서 한참을 생각해본 뒤에야 알 수 있었다.
내가 두 사람이 지나간 후 화장실에 들어간 것.
즉, 약 1초간 기다린 것에 대한 인사였다.

이렇게까지 감사하다는 말을 할 필요가 있는 것일까?
한국 생활에 적응해있던 나는 이런 땡큐가 어색했다.
그러나 이 말 한마디가 비행기에서 착륙할 때까지
얼마나 내 마음을 따뜻하게 했던지….
이에 대해 나도 그들에게 다시 땡큐라고 말하고 싶었다.
이처럼 땡큐는 또 다른 땡큐를 부른다.

인간 사회에서만 언어가 있는 이유는 함께 살아가는 사람들과
소통하기 위해서다. 그래서 인류가 사용하는 언어에는
문화와 정서가 있고, 서로를 배려해야 하는 매너가 있다.
교과목 이전에 함께 살아가는 사회임을 먼저 가르치고 배워야 한다.
더 밝고 공존이 기쁜 사회를 만들기 위해 당장 시작하자.
땡큐 그리고 쏘리.

관심과 친절이 필요해 ──────────

가족과 친구가 나에게 관심을 보이고 친절을 베푸는 것은 당연하다.
그런데 출장지였던 스웨덴에서 가족과 친구를 넘어선
친절과 관심을 경험하며 인생을 사는 맛을 느꼈다.

스웨덴에서 거래처와 함께 여기저기 대학교를 다니다 일을 마친 후
호텔 숙소로 돌아가야 했다. 그런데 택시를 부르기는 어렵고
호텔이 멀지 않으니 버스를 타고 갈 것을 제안 받았다.
길눈이 어두워 내릴 곳을 놓칠 수 있다는 걱정을 거래처 관계자에게
전했더니 그는 버스 운전기사님에게 내릴 곳이 되면
말해달라고 부탁할 테니 걱정하지 말라고 했다.

버스 기사는 운전을 하느라 바쁠 텐데
내가 내릴 곳을 어떻게 기억하겠냐고 물었더니

걱정 말라며 자신이 큰 소리로 말해 놓으면 다른 승객들이 그 말을 듣고
대신 언지를 줄 것이라는 확신에 찬 대답이 돌아왔다.
나는 믿기지가 않아 헛웃음을 지으며 스스로 잘 내리겠다고
버스에 올라탔으나, 정작 거리가 익숙지 않아 잊고 있었다.

그러자 굉장히 놀랍게도 승객 중 한 명이 기사를 부르며 차를 세우고,
또 다른 승객은 내려야 한다며 나를 불렀다.
나는 놀라 허겁지겁 내리게 됐다.
그리고 버스에서 내리고 나서야 거래처 관계자가 나에게 말한 것이
농담이 아니었다는 것을 실감했다.

도움이 필요한 사람은 자신이 언제 도움이 필요한지 모를 때가 있다.
하지만 도움을 줄 수 있는 능력을 가진 사람은
                    저 사람이 언제 어떤 도움이 필요한지를 알고 있다.
            도움이란
                    필요한 사람보다 줄 수 있는 사람이
                        먼저 권해야 한다는 것을 깨달았다.

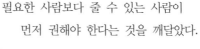

하마터면 꼰대가 될 뻔 했다 ────────

나는 어린 시절 여러 나라에서 학창시절을 보냈고
수년간 IT, 금융 분야의 벤처를 비롯한 중소기업과 대기업 등
다양한 회사에서 일했으며 사업도 해봤다.
그래서 나름 많은 경험을 지녔고 다양한 사람들을 만나보았다고 자부했었다.
하지만 그것은 잘못된 믿음이었다는 것을 깨닫게 됐다.

먼저, 다양한 경험이란 비슷한 연령대의 사람들과 흡사한 환경을
여러 번 겪는 것이 아님을 깨달았다.
이런 수평적인 경험보다는 수직적인 경험이 선입견을 없애고
넓은 시야를 갖게 하는데 더 중요하다.

회사를 다니면서 작은 사업을 해 보고 싶었다.
그래서 아버지에게 투자를 받아 겁도 없이 조그만 가게를 하나 시작했다.

퇴근 후 새벽 1시까지 가게에서 일하고
다음날 다시 회사에 출근하며 굉장히 열심히 살았던 기억이 난다.
물론 체력적으로 견딜 수가 없었다.
그래서 직장을 다니며 장사를 병행한다는 것은 욕심임을 깨닫고
10개월 만에 장사를 정리했지만,
인생에서 세상을 가장 많이 배웠던 기간이었다.

회사에서는 비슷한 교육환경을 가진 사람들과 근무환경을 공유하며
지냈기에 색다른 경험에 대한 기회가 없었다.
직급이 높은 사람에게는 과장이나 차장이 대신 보고하고,
나는 직속상관에게만 보고하면 되니 크게 긴장하거나
생각의 시야에 변화를 줄 계기가 없었다.
그런데 사업은 완전히 달랐다.

나에게 모든 책임이 있고, 모든 사안을 내가 결정해야 한다.
그리고 이보다 큰 차이점은 매일 마주하는 손님이
어린 아이들부터 중년, 그리고 노인들까지
다양한 배경을 가진 사람들이라는 것이다.
늘 비슷한 환경의 또래만을 만나왔던 나는
수평·수직적인 사람들을 다양하게 만나며 당황하고 힘겨워했다.
좋은 사람들도 있었지만
억지를 부리는 고객, 말도 안 되는 것을 요구하거나

욕설을 퍼붓는 고객 등 다양한 사람들을 매일 마주해야 했다.
물론 그 안에서 내가 저지르는 실수도 많았다.

작은 가게이지만 직장을 다니는 탓에
많은 부분을 아르바이트생에게 의존해야 했고, 재고 처리 등을 하며
거래처 사람들과도 관계를 잘 유지해야 했다.
관리, 영업, 마케팅 등 많은 일을 해냈지만 무엇보다도
인생을 배우게 한 것은 다양한 손님들이었다.
고객만족을 위해 다양한 연령층의 배경, 문화를 분석하고
그들을 이해하고 입장을 헤아려 보려고 하는 것이 결코 쉽지 않았다.
10개월간의 이 고된 훈련은 나의 생각을 송두리째 바꿔 놓았다.

장사를 시작하고 몇 개월 후에 만난 친구들은 하나같이
"눈빛이 달라졌다. 성격이 달라졌다. 무슨 일이 있었니?" 하며
나의 변화된 모습을 알아봤다.
그때 나는 그저 이렇게 대답했다.
"얘들아, 부업은 없다. 정말 부업은 없어."

장사를 정리하고 다시 직장생활에 돌입했을 때,
수직적인 사람을 만날 필요가 없는 회사 생활이
훨씬 쉽고 편안하다고 느낄 수 있었다.
지금은 또다시 수직적인 만남을 이어가는 영어 강사 일을 하고 있다.

만 5세에서 초·중·고등학생, 대학생, 직장인, 주부 그리고 어르신들까지
짧게는 6개월 길게는 8년까지도 영어 학습을 함께 한다.

그리고 이렇게 영어를 가르치고 다양한 사람들을 만나며
나는 또다시 완전히 다른 깨달음을 얻었다.
사업을 그만둔 이후로도 엄청난 선입견을 쌓고 있었다는 것이다.
그런 줄도 모르고 마치 내 생각이 모든 면에서 옳은 것처럼
살아가고 있었음에 큰 충격을 받았다.
과도한 선입견은 사람을 꼰대로 만든다던데
하마터면 내가 꼰대가 될 뻔했다.

> *꼰대: 자신이 항상 옳으며 타인은 잘못됐다고 믿는 연장자.*
> *영국의 BBC 방송 자사 페이스북(Facebook)에서*
> *꼰대를 '오늘의 단어'로 위와 같이 소개한 바 있다.*

한 분야의 전문가가 되면, 시간이 흐를수록
편안하게 느낄 수 있고 유익에 맞는 사람들로만
만나는 이들을 구성하게 된다.
그래서 나이가 들수록 꼰대가 될 확률이 높아진다고 볼 수 있다.
수평적으로는 풍부한 사람을 만나지만 수직적 관계는 빈곤해진다.
시야가 점점 좁아지면서 선입견이 생기고,
자신도 모르게 꼰대 짓을 하게 되는 것이다.

선입견은 자신을 우월한 존재로 느끼게 하므로
많은 사람들이 놓지 못한다.
그래서 기득권층일수록 더욱 그런 양상을 보이는 것이다.
하지만 계속되는 수직적 만남은 나의 선입견을 산산조각 냈다.
이 얼마나 감사한 일인가.
물론 지금도 또 다른 선입견을 만들고 있다는 것은 부인할 수 없다.
그러나 적어도 이 사실을 알게 된 것이 다행이다.
하마터면 꼰대가 될 뻔 했다.

자존감 높이기 활동 ─────────────

한국에서 대학원을 다닐 때 프로젝트 발표시간에 있었던 일이다.
발표를 듣고 궁금했던 것 중 몇 가지를 질문했다.
이후 점심시간에 점심을 먹는데 그 발표자가 나를 찾아와
왜 그렇게 많은 질문을 했냐며
공격당하는 것 같아 기분이 나빴다고 따져 물었다.

나는 그 주제에 대해 정말 궁금한 것이 많고,
알고 싶어서 질문했던 것인데
의외의 반응에 너무 황당해서
뭐라고 발표자에게 대답해야 할지 고민됐다.
그 뒤로 발표자와 나의 관계는 매우 어색해졌다.
그리고 나는 다른 사람이 발표할 때에도 질문을 아끼게 됐다.

어린 시절, 해외에서 학교를 다녔을 때
마찬가지로 프로젝트 발표수업이 많았다.
그러나 당시에 질문했을 때, 발표자는 나중에 나를 찾아와
오히려 자신의 과제에 관심을 가져줘서 고맙다고 했던 기억이 난다.
어쩌면 이렇게 반응이 다른 것일까?

EBS교육방송에서 수업시간에 질문을 많이 하는 학생은
다른 학생들에게 어떤 이미지로 보이는지를 기획한 다큐멘터리를 방영했다.
그런데 심지어 학문을 탐구하는 대학에서조차도
학생이 교수에게 질문을 하면 나머지 학생들이 싫어하는 반응을 보였다.
흘겨보고, "쟤 왜 저렇게 나대?"라면서 서로 수군거렸다.

오바마 전 대통령이 한국에서 정상회담 후 기자회견을 할 때의 일이다.
오바마는 정상회담을 잘 진행한 것에 대한 답례로
가장 먼저 질문할 수 있는 특권을 한국 기자에게 주겠다고 했다.
그런데 질문하는 것이 주된 직업인 기자들조차 선뜻 나서지 못한 채
1분간의 정적을 흘려보냈다.
그리고 중국기자가 그 틈을 타서
자기가 대신 질문을 하겠다고 하면서 더욱 당혹스러운 상황이 연출됐다.

당시 한국 기자들은 선배들의 눈치를 보느라 질문을 못 했다고 말했다.
그렇다면 왜 선배 기자들도 질문을 하지 못했을까?

2막 4장 깨달음의 기쁨

질문을 해서는 안 되는 대학 분위기는 창의력과 탐구력을 죽이고,
학생의 생각을 획일화함으로써 기자조차
즉흥적인 질문을 구상해내지 못 하도록 하는 결과를 만든 것이다.
세계 인구의 0.2%밖에 되지 않지만 노벨상 수상자의 20%를 차지하는
유대인들은 토라(Torah)와 세상을 질문으로 공부하는 것으로 유명하다.
종교개혁을 일으킨 마틴 루터(Martin Luther)도
"무턱대고 믿는 것이 아니라 꼬리의 꼬리를 무는 질문이 중요하다."라며
신앙은 질문에서 시작한다고 강조했다.
질문하지 않았더라면 세상을 바꾼 종교개혁은 일어나지 않았을 것이다.

한편, 소크라테스는 "성찰하지 않는 삶은 살만한 가치가 없다."라고 말했다.
성찰하지 않으면 질문을 던지지 않는 것이고,
질문을 던지지 않는 것은 철학을 탐구하지 않는 것이다.
즉, 질문과 인생은 연결돼 있다.
인문학에서 역시 대화의 시작과 끝은 바로 질문이라고 정의 내리고 있다.

질문은 우리가 의미 있는 삶을 살기 위해서뿐만 아니라
자신의 존재 의미와 높은 자존감을 갖기 위해서도 꼭 필요하다.
자존감은 자기 자신에 대한 주관적 평가이다.
자신에 대한 좋은 평가를 갖기 위해서는 어렸을 때부터 주어지는
인격적 대우가 중요하다.

인격적 대우란 무엇인가?
하고 싶은 대로, 힘들지 않게 도와주는 것이 아니다.
끝없는 질문과 대답을 조성해주는 것이다.

나이에 상관없이 어떻게 생각하는지 묻고 의견을 귀 기울여 듣고,
또 마음을 교환하는 것이 서로의 존재에 대한 인격적인 대우로써
존재감을 느끼게 하는 활동이다.
자존감을 높여주는 활동,
의미 있고 행복한 삶을 살기 위한 활동은
'끝없이 질문하기'이다.

노력한 자만이 느끼는 희열

영어는 좀처럼 빨리 늘지 않는다.

영어뿐만 아니라 모든 외국어는 꾸준히 오랫동안 쉬지 않고,

투자했을 때에만 만족할 결과가 나오기 때문에

많은 의지와 인내심을 필요로 한다.

그래서 조그마한 실력 향상도 아주 큰 기쁨이 된다.

특히 교사의 입장에서는 한 학생을 긴 세월동안 가르치기란 어렵기 때문에

성장을 목도하고 기쁨을 누릴 수 있는 기회가 많지 않다.

결실을 볼 것을 기대하지 못 하고 그저 오늘 하루 열심히 가르칠 뿐이다.

하지만 가끔 3년이나 6년 혹은 9년씩

오랫동안 나와 영어를 이어가는 아이들이 있다.

이렇게 오랜 시간 노력을 쏟은 후 아이들이 영어에 능숙해지는 것을 볼 때면

이루 말할 수 없는 감동이 밀려온다.

가르침을 통한 성장을 볼 수 있다는 것은 교사에게 큰 힘이자 격려가 된다.

그래서 어린 아이들의 영어 실력이 발전하면 나는
즉시 부모에게 그 사실을 알린다.
그런데, 생각보다 부모님의 반응이 놀랍다.
자신의 자녀이니 기뻐할 것이라는 예상과는 달리,
그다지 좋아하는 반응을 보이지 않는다.
대부분 "아, 그래요~?"로 시시하게 끝난다.

'반응이 이게 다일까? 좀 더 놀라워하며 기뻐하는 반응을 기대했는데….'
뭐라고 더 말해주지 않을까 싶어 머뭇거려도
기다렸던 반응은 나오지 않는다.
그리고 여러 차례 이런 경험을 하고 나는 깨달았다.
노력한 만큼 결실을 보고 기쁨을 누릴 수 있는 것은
노력해 본 사람만이 얻게 되는 특혜라는 것을.

The two important days in your life are
the day You are born and
the day you find out why.

-Mark Twain

당신의 인생에서 중요한 두 날은 당신이
태어난 날과 당신이 왜 태어났는지를
발견하는 날이다.

-마크 트웨인

생각하기

▫ 세상을 향해 나는 어떤 친절과 관심을 베풀고 있는가?

▫ 나의 자존감을 높이기 위해 어떤 활동을 하고 있는지 적어 보자.

▫ 당신만의 꼰대가 되지 않는 방법을 말해 보자.

미래의 행복을
그리다

3막 1장

삶의 지혜를 깨닫는 기쁨

영어를 통해 보는 세상과
한국어를 통해 보는 세상은 다르다.
서로 다르기 때문에 영어는 한국어를 도와줄 수 있고
한국어는 영어를 도와줄 수 있다.
나는 지금 한국에 살기 때문에 한국어를 도와
삶을 더 잘 알아갈 수 있도록 영어를 이용한다.

옆집 아줌마가 만든 살 맛 나는 세상 ——————

영국에 갔을 때 아버지는 한국인 밀집 지역을 찾는다는 것이
잘못된 정보로 인해 한국 사람이 전혀 살지 않는 곳에 집을 구했다.
그때는 인터넷도 핸드폰도 없던 시절이었기에 충분히 그럴 수 있었다.
덕분에 어머니는 외로움으로 매일 우셨다.

그때 글로리아 아주머니가 우리 집 문을 두드렸다.
대학생과 고등학생 자녀를 둔 글로리아는
바로 옆집에 살고 있는 영국인 이웃이었다.
글로리아는 도움이 필요하면 언제든지 찾아오라고 했다.
그리고 우리 집의 모든 공과 사를 도맡아 처리해주셨다.

집안에 크고 작은 수리가 필요하면 우리는 글로리아를 찾아갔다.
그러면 수리공을 불러주시고 수리가 끝날 때까지 지켜봐 주셨다.

오빠가 같은 반의 영국인 친구가 자신을 눈이 작다고 놀린다는 이유로
때려서 어머니가 학교에 불려갈 때에도 글로리아를 찾아갔다.
그러면 그는 어머니와 동행해 선생님과 상담을 해줬다.
친구들을 잔뜩 초대했던 내 생일파티 때에도 영국인 아이들과
어떻게 파티를 해야 할지 몰라 글로리아를 찾아갔다. 그러면 그가
게임도 진행하고, 노래도 불러주며 생일파티를 멋지게 진행해줬다.

글로리아도 우리를 찾아왔다.
크리스마스 파티 한다고 초대하기 위해,
마당에서 불꽃놀이 한다고 같이 놀자고,
피크닉을 갈 것인데 함께하자고.

글로리아와 함께했던 시간 중 가장 기억에 남은 것은
부활절이나 새해가 되면 자신의 여러 친척집에
나를 데리고 다니며 인사했던 일이다.
친척들에게 나를 소개하고, 그들이 만든 맛있는 음식도 먹이고 선물도 줬다.
글로리아가 나를 얼마나 예뻐하고 자랑스러워했는지 모른다.

지금 그때 일을 돌이켜보면 갑작스러운 문화 충격에 사로잡힌다.
단지 옆집 이웃인 외국인 아이를 명절에 친척집에 데리고 다니며 인사했다니….
그때는 어려서 잘 몰랐지만 글로리아가 베풀었던 편견 없는
친절과 사랑을 생각하면 그 기억 속에 오랫동안 머물고 싶다.

점점 각박해지는 이 시대에 글로리아를 떠올리면,
가족을 넘어서 이웃을 사랑하고 관심을 갖는 행위가 이 사회를
더 따뜻하고 살맛나는 곳으로 만들 수 있을 것이라 확신하게 된다.
그리고 이것은 우리가 얼마든지 할 수 있는 일이다.

인종과 문화 그리고 세대가 출동하는 이 시대에
더 따뜻한 세상, 살맛나는 세상을 조성하기 위해
문화 충격을 만들어 보자.

가치를 어디에 두는가?

해외에서 8학년(중학교 2학년)이 됐을 때
한 학기 동안 특별수업으로 요리를 선택했던 적이 있다.
그런데 요리 과학실에 모인 학생들이 30여명이나 돼
수업을 진행하는 데에 있어 비좁았다.
요리 선생님은 몇 주 수업을 하다가 도저히 안 되겠다며
자신의 집에서 수업을 진행하겠다고 했다.

그 당시 내가 다녔던 학교가 산꼭대기에 있었는데
마침 선생님도 학교 옆의 있는 야경이 좋은 집에서 살고 있었다.
학교에서 가깝기는 했지만 이 많은 아이들을 집으로 데리고 가
요리수업을 하겠다니 믿기지 않았다.
설마 30여명의 학생들과 집에서 수업을 하겠다는 말은 아니겠지?
그런데 정말 다음 수업부터는 선생님 집으로 이동하겠다는 것이다.

여차저차 그의 집을 방문하게 됐는데 놀라움을 금치 못했다.

거실에서 방으로 이어지는 복도의 끝이 보이지 않았다.

그리고 거실과 서재, 응접실이 너무 넓어 집의 규모가 가늠이 되지 않았다.

부엌은 하나가 아니었으며,

크기가 웬만한 아파트 내부 전체를 넘어서는 규모였다.

차는 롤스로이스였고, 운전기사뿐만 아니라 가정부가 세 명이나 있었다.

선생님은 부엌 두 곳을 학생들에게 개방하고, 요리 수업을 진행했다.

당시에는 그냥 그렇게 멋진 집을 구경했던 좋은 기억으로 남겼다.

그런데 성인이 돼 돌아보니 그렇게 부유한 '사모님'이 명품가방과 옷,

해외여행에 과도하게 취해 사치스러운 생활을 만끽하는 것이 아니라

돈에 연연하지 않고, 자신이 가진 요리 재능을 학교에 헌신했다는 것.

그리고 기꺼이 자신의 집과 부엌으로 많은 학생들을 초대해

한 학기 동안 수업을 해줬다는 것이 참 놀라운 일이라는 생각이 들었다.

삶의 목표가 돈이 돼버린 이 시대에 가진 자들이 소위 '갑질'을 하고,

사치스러운 삶을 사는 것을 당연하게 여기는 사회 분위기를 느낄 때마다

나는 종종 요리과학 선생님을 떠올린다.

그리고 당시에는 집의 규모에 놀랐을 뿐이었던 경험이 증폭돼

더욱 큰 놀라움과 감동으로 다가온다.

과거의 요리과학 수업은 성인이 돼 대한민국에서 살아가고 있는
나에게 문화충격으로 다가와 다시 성장시킨다.
이 시대가 말하는 가치에 무조건 순응하지 않도록,
삶의 진정한 의미가 무엇인지 다시 한 번 되새겨 보도록.

신념이 담긴 나만의 단어

나라, 도시, 그리고 동네마다 저마다의 분위기와 색깔을 갖고 있다.
그것은 과거와 현재, 즉 지나왔던 시간을 종합해 만들어진 그곳의
고유한 정체성이다.

사람은 색보다는 단어로,
지금까지 지나온 인생과 원하는 미래의 정체성을 보여줄 수 있다.
이제 막 중학교를 마치고 고등학생이 되는 아이들에게
지금까지 살아온 삶을 영어 단어 하나로 표현하고
그 이유를 설명해보라고 했다.
굉장히 다양한 단어들이 쏟아져 나왔다.

한 아이는 '마라톤', 어떤 아이는 '배려심',
또 다른 아이는 '희망'이라고 말했다.

마라톤이라고 말한 아이는 지금까지 모든 감정을 억누르고
목표를 향해 공부만 했던 것이 너무 힘든데
앞으로도 계속 끝없이 달려야 하기 때문이라고 설명했다.
배려심이라는 아이는 초등학생 때부터
자신보다는 남을 더 배려하는 마음으로 살았던 것이 너무 힘들었다며
앞으로는 남을 의식하지 않고 스스로를 더욱 배려하며 살고 싶다고 했다.
한편 희망이라고 말한 아이는 지금까지 하고 싶었던 것을 다 이루었다며
과거도 희망적이었으니 앞으로도 희망을 갖고 살 것이라는 메시지를 전했다.

아이들의 말을 들으며 내 삶을 조심히 돌아보면서 한 단어를 떠올렸다.
그것은 '자갈'이다. 이 표현을 들은 나의 가족과 친구들은 모두 웃었다.
하지만 나름의 뜻이 담겨 있다.

나는 중학교 졸업 이전에 국적이 다른 일곱 군데의 학교를 다녀야 했고,
역마살이 낀 직장생활을 하며 이리 저리 치이는 삶을 살았다.
그리고 그 과정 속에서 생각도 마음도 격동의 시기를 보냈다.
하지만 이 자갈 같은 나날이 밑거름이 돼 지혜와 자유를 누리는
의미 있는 삶을 살고 싶다.

이메일과 온라인 채팅이 이 시대에 처음 소개된 직후,
많은 사람이 온라인 통신의 매력에 푹 빠졌다.
그때 이메일을 소재로 한 로맨틱 코미디 영화,

톰 행크스(Tom Hanks)와 맥 라이언(Meg Ryan)이 주연을 맡은
'유브갓메일(You've Got Mail)'이 개봉됐었다.

이 영화에서 맥은 얼굴도 보지 못 한 톰과
채팅과 이메일로 대화를 주고받으며 서로에게 호감을 가진다.
그리고 그 대화중 맥은 자신이 '피델리티'라는 단어를
참 좋아한다고 고백한다.

> *피델리티(fidelity):*
> *1. 사람 또는 기관에 충직함.*
> *2. 남편 또는 아내에게 충직함.*

얼굴을 보지 않고도 선호하는 단어로 그 사람의 정체성을 짐작할 수 있다.
그리고 그 단어와 비슷한 정체성을 지닌 사람을 만나고 싶다는 메시지로
추정해볼 수 있다.

내가 가장 좋아하는 영어 단어는 '인테그리티'이다.

> *인테그리티(integrity):*
> *진실, 정직하고 자신의 도덕성 또는 원칙을 잘 지키는 것.*

남의 눈을 의식하지 않고, 스스로 떳떳하고 진실하게 사는 것이
지혜롭고 자유로운 삶이라고 생각했기 때문이다.
이처럼 글을 읽다가 좋아하는 단어가 나오면
마치 나의 정체성을 발견한 듯 반갑고 행복하다.
그리고 되새기며 그 단어가 갖고 있는 의미대로 살고자 노력하게 된다.
때로는 그 단어가 삶의 목표가 되고, 성공의 척도가 되기도 한다.

지나간 과거와 내가 그리는 미래의 인생 단어를
삶 속에 조용히 초대해 보자.
자신의 단어에 담긴 신념을 지키고 살아낸다면
그것이 바로 성공한 삶이 아닐까.

그냥 좀 웃자

자라면서 주로 영국 문화권에서 많은 영향을 받았던 나는
모르는 사람과 눈을 마주치면 입술 끝을 올리며 형식적인 미소라도
띄어줬던 서구 문화에 익숙하다.

한국에 와서도 그대로 행동했더니
친구들이 '실없어 보인다'며 웃지 말라고 했다.
처음에 이 말을 듣고는 무슨 뜻인지, 그렇게 보이면 왜 안 되는 건지
알 수 없었지만 여러 차례 지적을 받으면서 미소를 자제하게 됐다.

하지만 그래도 나는 여전히 사람들을 대할 때 잘 웃는다.
인사할 때 활짝 웃고, 내가 가르치는 아이들과 눈을 마주치거나
점원에게 커피를 주문할 때도 웃는다. 거스름돈 역시 미소 지으며 받는다.
그리고 웃을 일이 있으면 박장대소한다.

그럴 때는 큰소리로 웃는다고 몇 번씩 옆구리를 쿡쿡 찔리기도 한다.
그런데 요즘 한국 사회가 점점 미소를 잃어가는 것을 느낀다.
경쟁이 심하고, 각박한 현실 속 고되게 일하다 보니
실속 없고 약해 보인다고 생각해서 그런가?

사람은 원래 눈을 마주치면 웃는 것이 자연스럽다.
두세 살밖에 되지 않은 말 못 하는 아이들과 눈이 마주쳤을 때,
먼저 활짝 미소 지으면 아이도 따라 웃거나
두 눈을 크게 뜨고 계속 골똘히 쳐다보며 호감을 보인다.
이것만 봐도 미소는 인간의 본능이라는 것을 알 수 있다.

미소는 슈퍼맨이다.
미소는 에너지다.
미소는 삶의 향신료다.
미소는 사회를 아름답게 만든다.
미소는 나를 아름답게 만든다.
미소는 여유를 부리는 즐거움이다.
인간의 본능인 미소를 죽이지 말고
실없어 보여도 그냥 좀 웃자.
실없이 웃자.

"Life could be limitless joy,
 if we would only take it for what it is."

-Tolstoy

"인생은 있는 모습 그대로 받아들일 때
끝없는 기쁨이 될 수 있다."

-톨스토이

생각하기

▫ 나는 어디서 지혜를 얻고 있는지 적어 보자.

▫ 초심을 잃지 않고 인생을 가치 있게 살 수 있는 나만의 방법은 무엇인가.

▫ 지금까지 살아온 자신의 삶을 단어 하나로 표현해보자. 그리고 그 이유도 이야기 해 보자.

▫ 나는 하루에 얼마나 웃고 사는지 헤아려 보자.

세상을 아는 기쁨

국경이 무너지고 인종과 문화가 뒤섞인
이 시대에 우리는 앞으로
다양한 문화충격을 겪게 될 것이다.
세대 간, 인종 간, 언어 간,
그리고 관습의 문화 충격.
이러한 충격이 우리의 삶을
한 단계 더 높은 곳으로
이끌어 줄 것이다.
그러니 호기심과 희열로 받아들이자.
생활력이 될 수 있도록 하자.

양심문화 vs. 수치문화

우리는 저마다 특정한 가치관을 갖고 세상을 살아간다.
그 가치관은 스스로 만들어낸 것이기도 하지만
자신이 속한 세상 안에서 만들어지기 때문에
사회가 부여하는 가치의 영향을 받은 것이기도 하다.

특히 대학, 직장, 결혼 등과 같이 타인과 연관된 중대 결정을 내릴 때
자신이 가진 가치에 비추어 결정하는 것 같지만,
사실은 사회가 제시하는 가치를 따르는 경우가 많다.
사회에 강한 소속감을 느끼는 사람일수록 더욱 그렇다.

이 가치를 반영하는 두 가지 상반된 문화가 바로
죄의식 문화라고도 불리는 양심문화(guilt culture)와
수치문화(shame culture)이다.

대부분 기독교 문화의 나라는 '양심문화'를 갖고 있고,
유교나 불교를 뿌리로 두고 있는 나라는 '수치문화'를 갖는다.
종교만 보더라도 양심 문화는 서구에서,
수치의 문화는 동양에서 만연한 것을 우리는 알 수 있다.

양심문화가 기반인 사회는 잘못된 행동을 할 때
양심에 거리낌이 없는지를 먼저 고민한다.
그래서 자주 자신의 '양심'을 들여다보게 된다.

수치문화의 사회는 어떤 행동을 하기 전에
남이 자신을 어떻게 생각하고 바라볼지를 고민한다.
그래서 스스로의 양심보다는 타인의 시선을 더 생각한다.
이런 수치문화의 대표적인 결과는 우리나라의 입시에서도 드러난다.
우리는 학과보다 대학이름을 더 중요시 한다.
또한 자신이 좋아하는 학과보다는 사회가 선호하는 학과를 선택한다.

직장을 찾을 때도 내가 좋아하는 일보다는
이름 있는 직장에 들어가길 원하며,
그렇지 못할 바에 공무원이 되기를 선택한다.
이런 양상은 신기하게도 신세대에서 더욱더 두드러진다.
자신이 사랑하는 사람과 결혼하기보다는 사회적으로 인정받는 사람을 찾는다.

양심문화의 대표적인 나라는 미국이다.

우리는 할리우드 영화에 열광하고, 미국의 문화를 선망하곤 한다.

그런데 이 할리우드 영화에는 항상 영웅이 있다.

등장하는 영웅은 세계가 악의 기운으로 위태롭고

나라가 위기에 빠져 있으며

이웃이 고통 받는 것을 보고만 있을 수 없다.

그들을 도와주지 않으면

양심이 스스로를 가만두지 않을 테니 말이다.

그리고 슈퍼히어로는 지구를 구하고자 하는 고민으로

늘 고뇌하고 갈등하느라 혼자 있는 것을 좋아한다.

그리고 이런 슈퍼히어로를 보며 한국 사람들은 즐거워한다.

사실은 미국의 양심문화에 열광하는 것이다.

사람들은 종종 할리우드 영화를 보고 미국에서 살고자 하고,

미국 유학을 자랑스러워하며, 그 문화를 따라 하고 싶어 한다.

하지만 미국 문화가 지닌 장점을 따라가려면

우리나라의 수치문화가 먼저 뿌리 뽑혀야 한다.

영국은 대표적인 기독교 국가이면서도 오랜 역사와 전통이 있다.

또한 왕가의 격식과 체통을 지킬 임무가 있는 왕실이 존재한다.

그래서 영국은 수치문화와 양심문화가 공존하는 사회구조를 이루고 있다.

같은 언어를 사용하고 상당히 많은 부분의 역사를 공유하고 있지만
영국과 미국의 문화는 매우 다르다.
영국인도 자신들의 나라가
미국과 비슷해 보이는 것을 싫어하기 때문에
굉장히 다르다고 주장하는 편이다.

영국인들은 배려심과 예의범절을 매우 중요하게 여긴다.
함께 살아가는 공동체라는 의식도 강해
공유하는 문화와 체통 그리고 격식이
그들의 삶에서 상당히 중요하다.

대학을 졸업하고 다녔던 첫 직장에서
파견 나와 있는 미국 컨설턴트들의 통역을 담당했을 때
한 미국인 컨설턴트와 친하게 지내며
많은 이야기를 나눴던 기억이 난다.
그때 영국 엘리자베스 여왕의 며느리였던
다이애나 황태자비가 남편과 이혼을 하고
연인과 함께 파파라치를 피하다
교통사고로 세상을 떠난 사건이 터졌다.

평민으로 살다가 동화 속의 공주가 돼
서민들을 위한 좋은 일에 힘쓰면서 많은 사랑을 받았던 다이애나.

하지만 남편인 찰스 황태자의 사랑을 받지 못 했던 그는
자신의 행복을 찾아 황태자비의 자리를 버리고 왕가를 떠났다.

하지만 서른여섯 살의 나이에 비극적으로 세상을 떠나게 됐다.
나는 개인적으로 다이애나 황태자비의 삶에
많은 관심을 갖고 있었던 터라 마음이 아팠다.
그러나 함께 일했던 미국인 컨설턴트는 동정하지 않았다.
"군주가 뭐가 필요해? 국민들을 위해 하는 일이 뭐가 있냐고?
농민들이나 부려먹고 세금이나 축내지."

"음…."
우리도 군주가 없다. 군주가 나라의 주인이 아니라
국민이 나라의 주인이라는 것을 매우 자랑스럽게 생각한다.
그래서 누군가는 그 컨설턴트의 말에 공감할지도 모른다.
하지만 나는 그렇게 생각하지 않는다.
영국의 군주는 양심문화와 수치문화가 적절히 조화를 이루도록
무게를 잡아주는 매우 중요한 역할을 하고 있다.

우리나라는 수치문화가 배경인 나라지만, 북아시아 국가 중에서는
가장 많은 기독교인을 두고 있어 기독교 문화도 자리 잡고 있다.
그리고 기독교의 양심문화는 유교의 수치문화와 매일 충돌한다.

수치문화 속에서 양심문화가 자리 잡으려면
윤활유와 같은 중재자가 필요하다.
우리나라에는 그 역할을 할 사람이 없다.
영국과 같은 군주도 없고, 다른 강력한 리더십도 없다.
글로벌 시대에 온 세상이 섞이면서 우리나라에도
개인주의, 단체주의, 양심문화 그리고 수치문화가 뒤섞여 공존하고 있다.
이 여러 문화는 소용돌이치며 어떤 형태로든 사회에 자리 잡을 것이다.
그리고 공동체를 이루며 행복한 삶을 영위하기 위해
어떻게 이 땅에 좋은 문화를 정착시킬지는 우리의 몫으로 남아 있다.

질문하고 답하고 즐겨라 ————————————

한국과 해외의 학교 수업 분위기는 완전히 대조를 이룬다.
초등학교부터 고등학교 졸업까지 해외에서 내가 경험했던 수업은
시작부터 끝까지 교사의 말 한마디마다 아이들은 손을 번쩍 들며
대답과 질문을 계속했다. 교사보다 아이들이 더 많은 말을 한다고나 할까.
수업시간에 오고 가는 대화는 그 자체로 공부가 돼
복습이 따로 필요하지 않았다.
아이들은 교사의 질문에 서로 대답을 하려는 열의를 보이고,
틀린 답을 말하더라도 모두들 전혀 개의치 않았다.

초반의 나는 이런 수업방식에 적응을 못 하고 '쟤네들 왜 저래?' 하며
'난 다 알아. 그러니 질문과 대답을 할 필요 없어.'라는 생각으로
쿨하게 앉아 수업을 들었다.

시험기간이 돼 제2외국어로 배우던 독일어 시험을 봤는데
중간고사, 기말고사에서 모두 100점을 받았다.
그런데 최종 성적표에는 C가 표기돼 있었다.
뭔가 잘못됐다고 생각해 교사를 찾아갔다.
그런데 그는 내가 수업시간에 질문을 하지 않고,
남들이 질문하는 것을 듣기만 했기 때문에 C를 줬다고 했다.

그리고 이어진 말이 너무 놀라워 집에 돌아와 다시 생각하고 또 생각했다.
나를 위해 질문을 많이 하라는 것이 아니었다.
"수업은 너 혼자 듣는 게 아니다.
너는 같은 반 친구들의 질문만 받아먹고,
아무 질문도 하지 않아 다른 아이들에게 도움을 주지 않았다.
너도 수업시간 많은 질문을 해서 이 수업에 기여해야 한다.
함께 공부하기 때문에 너도 수업을 들을 수 있는 거다."

이것이 교사의 대답이었다.
나는 내가 들은 것을 믿을 수가 없었다.
공부는 나를 위해서 하는 것이 아니었던가?
그 말을 듣기 전까지 생각했던 공부에 대한 정의와는 너무나 달랐다.

그 뒤로 나는 수업시간에 아이들의 얼굴을 자세히 관찰했다.
아이들은 자유롭게 마음껏 질문하고 답하며 수업을 즐기고 있었다.

그렇게 자신뿐만 아니라 다른 친구들도 더 배울 수 있도록 기여하며
모두 수업의 주인공이 돼 즐겁게 공부하고 있었다.

이후로 나도 애쓰기 시작했다.
틀려도 답하고, 궁금한 점은 물어보면서 수업이 훨씬 재미있다고 느꼈다.
수업을 즐기려면 주인공이 돼야 한다.
그 방법은 질문하고 답하며 서로에게 기여하는 것이다.

내가 달라져야 할 때

문화충격이라는 말이 다소 부정적으로 들릴 수 있을지는 모르나
실상 사람들에게 유익한 면이 더 많다.

문화충격은 익숙한 것으로부터 벗어나
익숙하지 않은 세상으로 들어가는 것이다.
이것을 좋아할 사람이 누가 있겠는가?

하지만 익숙하지 않은 곳에서의 적응을 시도하면
생각이 민첩해지고, 편견이 없어지면서 나도 모르게 지경이 넓어진다.
그래서 다시는 예전으로 돌아가지 못하게 된다.

한 조사에 의하면 문화충격을 경험한 사람들의 대부분은
이를 통해 문화 속 가치와 편견을 깨닫게 됐다고 했고,

이외에도 상당수가 문화충격으로 자신감이 더 커지는 경험을 했고,
문화충격이 다른 문화와 교류하기에 좋은 영양분이 됐으며
자신을 더욱 성숙해질 수 있게 만들어줬고,
세상을 세련된 마음으로 볼 수 있도록 도와줬다고 고백했다.

어렸을 때 나도 해외로 나가 문화충격을 경험했지만
한국에 돌아와 '역－문화충격'을 받았던 적이 있다.

해외에서 중학교를 졸업하고 한국의 고등학교에 입학했을 때의 일이다.
그때는 급식이 제공되지 않는 시절이라 점심 도시락을 가지고 다녀야 했다.
점심시간이 돼 아무 생각 없이 친구들과 둘러앉아
반찬통 뚜껑을 열었는데 순식간에 친구들의 젓가락과 포크가
내 반찬통을 휩쓸고 지나갔다. 정말 몇 초 만에 일어난 일이었다.
그리고 내 도시락에는 오로지 흰밥만 남아 있었다.

서구에서는 식사 문화에 반찬이 없다 보니
타인의 밥그릇에 포크를 마음대로 댈 수 없다.
그래서 나의 반찬을 허락 없이 먹을 수 있다는 것은 상상도 못 해봤었다.
나는 전혀 대비가 되지 않았던 상황에 너무도 당황했다.

다음 날 점심시간이 됐다.
또다시 아이들의 포크와 젓가락이 날아와 내 반찬들을 약탈해 갔다.

그 날도 나는 흰밥만 먹었다.
아무리 노력을 해도 그들의 반찬통에는 내 젓가락을 집어넣지 못했다.

그래서 어머니에게 반찬을 좀 더 많이 넣어달라고 했다.
그런데 이번에는 나와 점심을 함께 먹는 아이들뿐만 아니라
식기도구를 들고 돌아다니며 반찬을 약탈해 가는 아이가 눈에 들어왔다.
그리고 또 도시락 반찬을 가져갔다. 그것도 순식간에.

이런 문화에 대해 쉽게 적응이 되지 않아
감히 그들의 반찬에는 손을 대지 못 했고,
그렇게 3~4개월 동안 나는 흰밥만 먹으며 학교를 다녀야 했다.

나는 한국인이며 한국 문화를 잘 알고 있다.
그래서 적응해야 하는 문화라고 생각하지 않았다.
노력하기보다는 그냥 그렇게 기다렸다.
하지만 시간이 지나도 친구들은 달라지지 않는다는 것을 깨달았다.

'이러다 3년 내내 흰밥만 먹겠구나.'
내가 달라져야 할 때가 왔다.
드디어 결심했다. 나도 그들의 반찬통을 약탈하기로.
역‒문화충격의 시기를 겪고, 적응에 나선 것이다.

그들의 반찬통에 내 젓가락을 집어넣는 시도를 하기 시작했다.
아주 재빠르게. 그리고 나는 그 문화에 점점 익숙해져갔다.
그렇게 나는 무사히 충격을 극복하고 건강하게 고등학교를 졸업했다.

그때의 도시락 습격사건은 고등학교를 졸업한 후
대학에서도 사회생활에서도 내가 지혜롭게
상황에 맞춰 달라져야 한다는 것을 깨닫게 해줬다.

눈치 안 보는 세상으로

영어에는 눈치라는 단어가 없다.
비슷한 표현을 만들 수는 있어도 정확히 눈치를 지칭하는 말은 없다.
눈치는 우리나라 정서에만 있는 것이기 때문이다.

일로 인해 자주 영국에 출장을 가는데
영국은 식당이나 커피숍을 들어갈 때 두드러지는,
우리나라와의 차이점이 있다.

영국에서는 식당이나 커피숍에 들어오는 사람에게 큰 관심을 두지 않는데
우리나라에서는 많은 사람들이 무심코 고개를 돌려 쳐다본다.
자기도 모르게 눈치를 보는 습관 때문이다.
영어 토론수업 중 학생들이 가장 많이 질문하는 단어는 '눈치'이다.
"눈치가 보여서 못 했어요."

"눈치가 보여서 부담스러웠어요."
이 내용을 표현하기 위함인데,
영어에는 눈치라는 단어가 없다고 하면 얼마나 당황하는지 모른다.
'다른 나라 사람들도 당연히 눈치를 보면서 사는 줄 알았는데
나만 이렇게 살고 있었구나.'하는 깨달음 때문이다.

눈치는 우리나라와 일본에만 존재하는 정서이다.
영어 수업을 위해 상담을 요청한 학부모들에게 가장 많이 받는 질문이다.
"우리 아이가 잘 따라갈 수 있을까요?
수업을 못 따라가면 어떻게 하나요?"

이것은 학업의 눈치다.
아이가 수업을 잘 따라오는지의 여부는 가르치는 사람인 나의 역할이고,
내가 고민할 문제인데 행여나 우리 아이가 눈치를 볼까 봐
던지는 우려의 질문이다.

우리나라는 자신의 역할 그리고
상대방의 역할이 무엇인지에 대한 의식이 흐릿하다.
아이가 할 일을 부모가, 부모가 할 일을 교사가,
남편이 할 일을 아내가, 상사가 할 일을 직원이,
국회의원이 할 일을 시민 단체가 등등 각자의 일을 명확히 모르고
눈치를 보며 일한다.

다양성이 공존하는 글로벌 시대에
눈치라는 단어는 정말 어울리지 않는다.
더욱 주권적이고 자유로운 삶을 살기 위해
눈치를 보는 문화를 당연하게 여길 것이 아니라
우리에게 어떤 나쁜 영향을 미치는지 생각해 봐야 한다.
눈치 보는 사회에서는 누가 승자인가?
눈치 보는 사람? 눈치 주는 사람?
승자는 아무도 없다.

영어에는 눈치라는 단어가 없지만 눈치의 반대말이 있다.
리소스풀(resourceful)이 그 단어다.
'문제를 해결하는 데 좋은 방법을 잘 찾는'이라는 뜻을 가지고 있다.

더 당당하고 활력 넘치는 삶을 위해 주권적인 나의 삶을 위해
눈치보다는 리소스풀한 삶을 선택하자.

Different men seek Happiness
in different Ways
and by different means.

-Aristotle

다양한 인간은 다양한 방법 안에서
다양한 수단으로 행복을 추구한다.

-아리스토텔레스

생각하기

□ 우리가 살아가고 있는 글로벌 시대에 경험했던 문화 충격을 적어 보자.

인생을 알아가는 기쁨

수용이라는 말은 좋은 일보다는
좋지 않은 상황을 받아들일 때 더 많이 쓰인다.
우리가 거절당할 때나 이별할 때
그리고 원하는 바가 받아들여지지 않았을 때
그 상황을 어떻게 수용할 것인지 아는 것이
참된 삶의 지혜가 아닌가 싶다.

아끼지 말고 다 써버리자

대학교 4학년 2학기가 되던 해에
나는 문화인류학자가 되겠다는 꿈을 접고,
취업을 위해 약 30여 군데의 회사에 이력서를 냈다.
문화인류학자의 길을 포기한 뒤에는
정확히 하고 싶은 일이 무엇인지 몰라 방황한 것이다.

방황이라기보다는 사실 4년 내내 인생을 어떻게 살아야 할지,
나의 무엇으로 이 사회에 기여할지에 대한 깊은 성찰이 부족했다.
학교를 다니면서 확실하게 배웠던 것은 오로지 경쟁뿐이었고,
그저 대학을 졸업하고 대기업에 들어가는 것이
다음 경쟁에서 이기는 것이라 생각했다.

취업 때문에 대학 건물 여기저기에 붙은 포스터를 기웃거리다가
아프리카로 떠나는 해외 봉사단원을 모집하는 포스터가 눈에 들어왔다.
지나가던 같은 과 남자 동기가 이런 내 모습을 보더니
멀리서부터 비웃으며 말을 걸었다.

"김성희! 뭘 보고 있는 거야? 그건 봉사야.
그것도 아프리카 봉사. 해외여행 프로그램이 아니라고.
가면 뭘 하는 건지 알고 보는 거냐?
너하고는 안 맞으니 꿈 깨. 킥킥."

4년 내내 화려한 옷을 입고 다니고,
고생하나 안 해본 듯한 분위기를 풍기는 나의 모습과
아프리카 봉사단 모집 포스터를 기웃거리는 내 모습이 대조적이었나 보다.
'내가 이런 이미지였구나'하는 것을 그때 알게 됐다.

동기들이 어떻게 보는지 알고 나니 화들짝 놀랐다.
그들에게 나는 그저 온실 속 화초였다.
사실 난 자갈밭의 자갈처럼 살아왔는데….
그래서 대학에서는 그저 조용히 지내고 싶었던 것뿐인데.

그때에는 뭐가 그렇게 조급했는지 후회가 된다.
모든 것을 뒤로 하고 아프리카 봉사를 떠났어야 했는데.

이왕 태어난 인생, 더욱 자유로울 때 인류를 위해서
뭔가를 해 봤더라면 조금 더 당당했을 텐데….

당시 나는 발걸음을 옮겨 대기업 포스터 쪽으로 갔다.
대기업만 골라 여기저기 이력서를 내기 시작했다.
지금의 대학생들이 대기업만을 원하는 것처럼 나도 그랬다.
대기업이 어떤 곳인지도 모르고, 그냥 그래야 할 것 같아 그렇게 했는데
그게 답이 아니었다는 것을 나중에 깨달았다.

이력서를 내는 곳마다 서류심사에서 모두 낙방이었다.
대부분 4학년 2학기인 11월과 12월 즈음이면 취업이 돼있었으므로,
아직 그렇지 못한 나는 조바심이 나 있었다.
지금에서야 그때를 돌아보니 대부분 취업이 안 된 친구들은 여성이었다.
성적이 좋은 여자 친구들보다도 훨씬 나쁜 성적의 남자 동기들이
먼저 취업이 됐다. 남자를 더 선호하는 시절이었다.

결국 졸업식 날까지 이력서를 낸 30여 군데에서 모두 연락을 주지 않아
나는 취업 시즌을 놓치고 '취업 재수'를 해야 했다.
2월, 졸업식 직전에 한 대기업에서 대학에 취업설명회를 열어
우연히 참석하게 됐는데 영어를 잘하면 유리하다는 설명에
입사 지원서를 제출했다.

서류전형에서 통과한 것은 처음이었다.
3월의 필기시험 후 4월에 면접을 보고
'또 떨어지겠지 뭐.'라면서 마음을 비우고 있었는데
입사 합격통지를 받고는 기절하는 줄 알았다.

이후 5월에 입사하니 입사 동기가 꽤 많았다.
부장은 "니들은 입사도 재수하냐?"라며 우리를 취업재수생이라고 놀렸다.
요즘은 워낙 취업도 재수를 거듭하니 별일 아닌 것처럼 여기지만
그때는 그렇지 않았다.

회사에 들어와 보니 내가 왜 취업이 안 됐었는지 알 수 있었다.
나의 관점이 잘못돼 있었다.
내가 원하는 곳이 아닌, 나를 필요로 하는 곳에 지원했어야 했다.
주객이 전도돼 이력서를 넣었으니 불합격할 수밖에.
물론 제도적·사회적 의식의 문제도 있었다.

영어수업을 하다 보면 취업이 안 돼 고생한다는 이야기를 자주 듣는다.
조카가 오랫동안 취업이 되지 않아 우울증에 빠져있다든지,
취업 문제로 너무 스트레스를 받아 입이 돌아갔다든지,
이력서를 50군데에 냈는데 단 한 곳도 연락이 없다든지,
취업을 포기하고 공무원 시험을 준비한다는 등의 소식을 들으면
참 마음이 착잡해진다.

그런데 중소기업에 영어강의를 다니다 보면
사측은 인력 부족이라며 좋은 사람을 좀 소개해 달라고 난리다.
그런데 도리어 사람들은 취업이 안 돼 난리다.

취업이 안 돼 힘들어하는 사람들,
사람이 없어 힘든 중소기업들,
인력이 넘쳐나는 대기업들.
뭔가 잘못 돌아가고 있다.
나의 시대적 착오인가?
혹은 세대적 착오인가?
그도 아니면 사고적 차이인가?

취업을 준비하던 시기가 그리 긴 시간은 아니었지만
그 3~4개월의 시간이 나에게는 억만년처럼 느껴졌었다.
그러니 1~2년 동안 취업이 안 되는 사람들의 마음은 어떨까 싶다.

꽤 오랜 시간 직장생활을 하다가 일중독이 찾아왔다.
주말에도 새벽에도 일 생각으로 벗어나지 못 하자 병이 나버렸다.
그래서 잠깐 하던 일을 멈춘 뒤에 더 공부하기로 했다.
이후 대학원을 다니면서 재능을 썩히기 싫어서 영어 봉사를 시작했다.
그리고 이렇게 우연히 나의 아이덴티티를 찾았다. 정말 우연히.

나는 아직도 나에게 발굴하지 못한 재능이 더 있다고 생각한다.
그것이 무엇인지 정확히는 잘 모르지만 발견되면 그냥 썩히지 않고,
누군가를 위해서 사용하려고 한다.
한번 사는 인생, 가진 것을 아끼지 않고 쓰다 보면
누군가에게는 도움이 될 것이다. 그리고 갈고 닦고 다듬어지면
언젠가 가치를 알아봐 주는 사람이 있을 것이다.

취업으로 고민하고 힘들었던 시간들은
나를 겸손하게 했고, 좀 더 성숙한 자리로 옮겨 놓았다.
그리고 무엇보다도 재능을 어떻게 사용해야 하는지 알려 주었다.

마지막 인사는 '나를 잊지 마'

나는 중학교 3학년이 될 때까지
여러 나라의 총 일곱 군데 학교를 다니는 경험을 했다.
그래서 어린 나이에도 수많은 선생님들, 친구들과
만나고 헤어짐을 반복해야 했다.
국제학교에서는 나뿐만 아니라,
아버지의 발령으로 새롭게 전학 오는 친구들이 있는가 하면
본국으로 돌아가기 위해 떠나는 경우도 많았다.

영어를 가르치다 보면 전학을 오는 어린 친구들을 자주 만나게 된다.
그리고 새로운 친구를 못 사귀고 학교에 적응을 못 할까 봐
아이뿐만 아니라 부모도 매우 긴장한다는 것을 알게 됐다.
새로운 환경에 익숙해지고 새로운 사람들을 만난다는 것은
그만큼 힘들고 어려운 일이다.

나 또한 새로운 아이를 가르치게 되면
마치 미지의 세계로 들어가듯 긴장과 기대가 밀려온다.
그래서 새로운 환경 변화가 얼마나 힘든 일인지를 매일 느끼고 있다.
환경변화에 예민하고 힘들어하는 어린 전학생들을
만나며 어린 시절의 나를 돌아보았다.

한 번의 전학으로도 고민하고 힘들어하는 경우가 많은데
나는 9년간 일곱 군데의 다양한 학교로 전학을 다녔으니
얼마나 정신이 없었을까.
하지만 한 번도 힘든 일이라고 생각하지 못 했고,
위로 받았던 적도 없었다.
성인이 돼서야 새삼스럽게 나 자신에게 놀란다.
그리고 늦었지만 지금에 와서라도
"몰랐는데 그렇게 힘든 것을 잘해냈구나."하며
스스로를 위로하고 칭찬한다.

우리는 가족을 먼저 떠나보내거나 친구와 헤어지는 경험,
사랑하는 사람과 이별하는 등의 다양한 이별을 경험한다.

영어 교사를 하다 보니 직업상 참 좋은 글을 많이 읽게 되는데
교재의 한 지문에서 이런 글을 보았다.
'사람이 이별에서 비롯된 슬픔을 겪는 것은 긍정적인 일이다.

이별을 했는데도 슬픔이 없다면
그 사람과 함께한 시간이 별로 기쁘지 않았다는 것을 의미하는 것이다.
그러므로 슬픔은 지나간 시간이 진짜 행복이었다는 것을 증명한다.'
이별을 슬퍼만 할 것이 아니라 인정하고
이전의 시간이 참됐음을 입증하는 기쁨으로 받아들이라는 것이다.

말처럼 쉽지는 않은 문제이다. 헤어질 때는 아쉽고,
잘해줬던 것보다 못 해줬던 것이 더 많이 생각나면서
미안한 마음에 후회와 아쉬움이 밀려오기 마련이다.

홍콩에서 중학교를 다니던 때에 소니아라 불리는 노르웨이인 친구가
한국에서 4년을 살다가 전학을 왔다.
소니아는 첫날, 내가 한국인이라는 것을 알고서는
마치 고향친구를 만난 양 얼싸안고 빙글빙글 돌며 반가워했다.

소니아와 함께 공부한지 얼마 안 돼
이번에는 내가 한국으로 떠나야 할 시간이 됐다.
소니아는 자신이 나보다 더 최근에 한국에 있었다는 이유로
한국의 실정을 차근차근 설명해줬다.
그리고 헤어지는 날, "잘 가, 성희. 그리고 나를 잊지마."라며
꼭 안아줬다.

학교를 떠날 날이 가까워지자 같은 학급에서 말없이 나를 속으로만
좋아했었던 아이리시(Irish)인 친구 키린은 편지를 써줬다.

"성희, 네가 갑자기 한국에 돌아간다고 해서 깜짝 놀랐어.
더 일찍 말할 걸. 네가 떠난다니 이제 용기가 나네.
너를 많이 좋아했는데…. 한국에 가서도 연락해.
그리고 나를 잊지 마."

어렸을 때부터 이어졌던 잦은 만남과 헤어짐으로
나는 작별 인사를 "나를 잊지 마."로 배웠다.
그리고 늘 그렇게 마지막 인사를 했다.

지금도 영어교사로서 많은 아이들을 만나고 헤어진다.
정성을 다해 가르치지만 아이들과 헤어지는 순간에 나누는 인사는
"나를 잊지 마."가 아니다.
오히려 "나를 잊어줘."라는 인사처럼 느껴질 때가 더욱 많다.
수업 마지막 날에는 아예 나타나지 않거나
끝마치자마자 마치 해방되듯 사라져버리는 경우가 허다하기 때문이다.

그래도 오랜 시간 함께 공부했었는데
말 한마디 없이 사라지는 아이들이 아직도 어색하고 이상하다.
'공과 사를 확실히 구분하는 뭐 그런 건가?

내가 뭘 잘 못 했나? 이것이 우리나라 문화인가?'

그간 알고 있었던 작별 인사까지는 아니더라도

이런 상황은 잘못된 것 같아 한동안 많은 고민을 했었다.

하지만 우리나라는 특별한 헤어짐의 문화가 없다는 것을 깨달았다.

여러 명이 함께 앉아서 밥을 먹다가 자리를 잠깐 비울 때도,

회의를 하던 중에 잠깐 자리를 비울 때도

해외에서는 가볍게 "익스큐즈 미(Excuse me)."를 하고 가는데

우리나라 문화에는 그런 것이 없다. 그냥 갑자기 일어나서 나가버린다.

해외문화에 익숙했던 나는 얼마나 놀랐는지 모른다.

'화가 났나? 기분이 나빴나? 싫은 사람이 있나?' 별생각을 다 했다.

그런데 잠시 뒤 그 사람이 아무렇지도 않은 듯 돌아왔다.

여러 번 이런 상황을 겪으며 나도 이 문화에 익숙해졌다.

그래서 이제는 나도 자리를 잠깐 비울 때 그냥 일어나서 나갔다 온다.

그래도 장기간 함께한 시간이 아무렇지도 않은 듯 사라지는 것에는

아직도 적응이 안 된다. 나는 대기업을 다니다가 그만두었을 때도

100명이 넘는 프로젝트팀 구성원 한 분 한 분의 자리로 찾아가 떠난다고

인사를 하고 나왔었는데….

밉든 곱든 함께 했던 오랜 시간을 돌아보면 다 추억이 아닌가.

무성의하게 헤어져도 된다는 생각은 평소에 함께하는 시간도

가볍게 생각하도록 만들 것 같다.

매년 여름과 겨울마다 전 세계 아이들이 모이는 영국의 캠프를 참여하면
3주만 만나고 헤어져도 서로 안아주면서 작별 인사를 하는데,
우리나라에는 6개월에서 1년을 함께 공부한 교사와의
별다른 작별 문화가 없는 것에 많은 아쉬움이 남는다.

삶은 결국 만남과 헤어짐의 연속이 아닌가.
어떻게 만나고 또 어떻게 헤어지는가는 우리의 삶을 더욱 풍요롭고
의미 있게 만드는 데에 매우 중요한 부분이다.

헤어짐을 수용하면서 함께했던 시간을 소중히 여기는 마음,
서로의 만남을 감사하는 마음,
그리고 마지막으로 "나를 잊지 마."라는 말 한마디 인사는
서로를 평생 잊을 수 없도록 한다.
비록 몸은 함께 있지 못 할지라도
누군가가 나를 평생 기억하고 있다면,
진심으로 행복할 것이다.

행복의 규칙, 더 골든 룰 ———————————

시대와 세대가 바뀌고, 모든 것이 빠르게 변하는 이 시대의 현대인들은
어떻게 삶을 살아야 할지 불안하고 혼란스러울 것이다.

삶은 풍요로워졌지만 오히려 10여 년 전보다
자본주의의 '외모지상주의'와 '물질주의'를 더 신봉하며
하루하루 살아가는 이 시대 주인공들에게
진정한 승리자로 살 수 있도록 도와주는 삶의 지혜의 규칙을 소개한다.

내가 해외에서 학교를 다녔을 때는
'경쟁'보다는 '기여'라는 단어를 더 많이 떠올리곤 했다.
교사들은 공부를 해야 하는 이유로, 사회에 효과적으로 기여할 수 있도록
자신이 좋아하고 잘할 수 있는 것이 무엇인지 찾아야 한다고
늘 가르쳐 주셨다.

그래서 늘 '나'보다는 사회와 친구들을 돌아보며
어떻게 도움을 전할 것인지를 먼저 고민하게 했다.
그런데 한국의 고등학교에 와서는 온통 '경쟁'과
'공부해서 남 주니? 다 너를 위한 거지.'를 배웠다.
그래서 무척 혼란스러웠다.

어른이 돼 인생을 돌아보니 '기여'가 '경쟁' 정신을 이긴다는 것을 깨달았다.
기여의 자세는 매우 긍정적이다.
기여도 능력 있는 자가 할 수 있는 것이다.
기여는 삶의 의미를 부여한다.
의미는 내가 왜 살아야 하는지를 말해주며
만족에서 비롯되는 행복을 불러온다.

경쟁에 치여 사는 대한민국 아이들에게
나 혼자 '기여' 정신을 가르치기는 역부족이다.
그래서 사람들에게 이 규칙을 늘 소개한다.

외모지상주의 그리고 물질주의의 노예로 살지 않고,
이 각박한 정서에 휘몰리지 않고 희생자가 되지 않으며,
우리 모두가 승자가 될 수 있는 '더 골든 룰'.

The Golden Rule:

Treat others as you want to be treated.

더 골든 룰:

남이 너에게 대하기를 바라는 대로 남을 대하라.

골든 룰은 자본주의 체제에서도
서로를 존중하고 각자의 위치를 지켜줄 수 있도록
삶을 대하는 태도와 행동을 제시한다.
우리 모두가 승자가 되도록.

순리대로 나둼

법인을 세우기 위해 인도에 3년을 나가서 일했던 적이 있다.
우리와는 문화와 종교가 다르고, 날씨도 다르고,
모든 것이 다른 인도에 도착했을 때 참 많이 당황했다.
정돈되고 일관된 모습은 조금도 찾아볼 수 없고,
길거리에는 자동차와 사람, 그리고 동물과 건물 등이 뒤섞여
과거, 현재, 미래가 공존하고 있었다.

최첨단 시설을 갖춘 IT 도시가 있는가 하면
야생동물 구역도 인도 전역에 퍼져있었다.
어떤 지역을 통과할 때는 '야생 호랑이 출현 구역이니 조심하라'는 표지판을,
또 어떤 지역에서는 '야생 코끼리 출현 구역이니 조심하라'는 표식을
볼 수 있었다.

도로에는 최신식 벤츠와 BMW 등의 고급차가 굴러다니는가 하면
낙타를 타고 다니는 사람을 위한 '낙타 파킹장'이 있었다.
우리나라 길거리에는 고양이가 다니듯,
동물원에 있어야 할 원숭이가 거리에 나다니기도 했다.

회사를 세우고 직원을 채용하는 과정을 거치면서
사람들의 다양한 배경에 깜짝 놀라지 않을 수 없었다.
단일 민족으로서 단일한 언어를 공유하며
종교를 국교로 인정하지 않는 대한민국에서 온 나는
다양한 계급과 종교, 여러 지역 출신 인도 직원들의 배경을 이해하고
맞추는 것이 쉽지 않았다.

저마다 다른 종교 공휴일을 지켜줘야 했고
채식주의, 극단채식주의,
종교에 따라 돼지고기나 소고기를 먹지 않는 사람 등
식성을 맞춰줘야 했다.
땅이 넓은 나라서 어떤 직원은 명절에 기차를 타고 고향에 가는 데만
이틀이 필요했고, 또 다른 직원은 사흘이 필요하다고 말했다.
그래서 각각의 휴가일을 맞춰줘야 했다.

처리할 일이 산더미이고, 바쁜 실정에 직원의 사정을 다 지켜주면
어떻게 일을 진행하란 말인가.

나는 늘 상황에 맞춰주며 살아왔는데….
답답한 마음에 미국에 있는 인도 친구에게 전화를 걸었다.
그 인도 친구는 나에게 이렇게 말해줬다.
"성희, 렛잇비(Let it be, 순리대로 놔둬.)하라고.
네가 그 사람들이 믿고 살아왔던 생활방식을 바꿀 수 없어.
인도는 렛잇비 사고로 지금까지 버텨온 나라야.
그래서 그 다양한 종교도, 야생 동물들도,
여러 민족과 함께 평화롭게 살 수 있는 거라고.
그리고 우리가 왜 사는지를, 무엇을 위해 사는지 잘 생각해 봐.
우리는 우리의 인생을 사는 거야."

'안되면 부러져서라도 되게 하라'는 사고가 강한
우리나라의 방식에는 참으로 생소한 가치관이다.
렛잇비! 우리는 이것을 나태하게 볼 수도 있지만,
그들의 삶에는 우리가 모르는 삶의 비밀과 지혜가 담겨져 있다.

우리나라 면적의 스물여섯 배가 넘는 크기와,
우리나라의 스물두 배 인구가 공존하며,
수백 개가 넘는 다양한 민족과 언어가 존재하는 인도.
그 모든 것을 있는 그대로 수용하기 위해 렛잇비를 선택한 나라,
인도는 중국을 견제하며 천천히 세계 경제대국으로 성장하고 있다.

그리고 나는 생각했다.

아무리 인구가 적고 단일 민족이며, 언어가 하나밖에 없더라도

사람들은 모두 제각각 독특하고 다양하다.

그러니 우리에게도 분명 렛잇비의 지혜가 필요할 것이다.

무덤과 친해져 볼까?

영국에 가면 사람들이 죽음을 대하는 태도가
우리와는 크게 다르다는 것을 느끼게 해주는 두 가지가 있다.
바로 교회무덤과 길거리 벤치이다.

영국에는 오래된 예쁜 교회 건물이 동네마다 크고 작게 지어져 있다.
그 교회들이 인상적인 것은 건물이 고풍스럽고 예쁜 이유도 있지만
마당마다 자리 잡은 무덤 때문이다.
사랑하는 사람의 이름이 적혀있고
저마다 모양도 크기도 다양한 비석과
무덤이 함께 있는 교회가 아름답게 보인다.
어둡고 무섭고 우울한 느낌을 자아낸다는 무덤이
경이롭고, 따뜻한 느낌으로 보는 사람을 겸손하게 만든다.
유독 영국에서 그렇게 느껴지는 이유는,

무덤이 사람들이 살고 있는 동네 한가운데에 위치했기 때문이다.
영국 길거리에는 먼저 세상을 떠난 사랑하는 사람을 기리는
글이 새겨진 벤치를 종종 발견한다.
배우 줄리아 로버츠(Julia Roberts)가 유명한 할리우드 여배우 역을,
휴 그랜트(Hugh Grant)가 영국의 한 여행서점 주인 역을 맡은
로맨스 영화 '노팅힐(Notting Hill)'을 생각해 보자.
줄리아와 휴가 영국의 한 공원을 거닐다가 발견한 벤치에는
이런 글귀가 써져있다.
"이 정원을 사랑했던 준에게, 항상 그녀 옆에 앉아있었던 조세프."

이 글귀를 읽으며 줄리아는 이렇게 고백한다.
"어떤 사람은 정말 평생을 함께 하는구나."
이 대사를 들으며 줄리아와 같은 경험을 하게 된다면
평소 어떤 생각을 하며 살게 될까 하는 궁금증이 생겼다.

출장 차 영국에 갔을 때 일정이 주말과 겹쳐
마을을 산책할 수 있는 시간적 여유가 생겼던 적이 있다.
그때 글로스터(Gloucester) 지역의 한 마을을 산책하면서
예쁜 교회를 발견했다. 그곳에도 무덤이 있었다.

교회 앞뒤 마당의 무덤 사이로 아이들이 자전거를 타거나
강아지를 데리고 나와 산책하고 있었고,

바로 옆에는 오랜 역사를 자랑하는 예쁜 호텔이 있었다.
그 호텔 정원에서 커피를 한잔 마시고 싶어 들어갔을 때
결혼식을 막 마치고 쉬고 있는 커플도 보였다.

무덤이 있는 교회 바로 옆의 호텔, 그곳에서의 결혼식,
교회의 마당 속 무덤 사이를 가로질러 가며
마을 사람들이 남녀노소 행복하게 산책하는 모습.
마치 출생에서부터 결혼, 가족과 삶 그리고 죽음에까지 이르는 순환을
한눈에 보는 듯 했다.

무덤이 있음에 시골이라고 추측할 수도 있겠지만
영국에서는 런던 시내에도 흔히 이런 장면을 보여준다.
교회 무덤을 그대로 두고 그 주변에 마을과 호텔이 조성됐다는 것은
죽음을 마주함에 있어, 아주 두렵고 어두운 시선으로 보는 것이 아니라
인생의 한 부분으로 죽음을 자연스럽게 받아들이는 가치관이자 태도이다.

그리고 이것은 인생이 무엇인지를 아이들에게 가르쳐주는
생생한 교육의 현장이기도 하다.
아이들은 자연스럽게 자전거를 타고 즐겁게 강아지와 산책하며
지나가는 사람들에게 '굿모닝(Good morning).'이라고 인사한다.
세네 번이고 교회 마당을 가로질러 다니며 자연스럽게
삶과 죽음 그리고 자연을 함께 마주한다.

우리 모두가 구하고 바라는 삶의 가장 큰 축복은
건강히 오래 오래 사는 것이다.
하지만, 죽음은 누구나 거쳐 가야 하는 과정이기에
어둡고 부정적인 것이 아니라 우리 삶의 한 부분이라는 것을
인정하고 받아들여야 한다. 그것이야말로 지금 살아있음에 대한
진정한 감사와 기쁨을 누리며 더 많은 사랑을 함으로써,
인생을 선물로 느끼게 되는 길이 아닐까.

Treat others as you want to be treated.

-The Golden Rule

남이 너에게 대하기를 바라는 대로
남을 대하라.

-더 골든 룰

생각하기

▫ 갖고는 있지만 사용하지 않는 나의 재능이 있는가?

▫ 사람들과 헤어질 때 사용하는 나만의 특별한 작별인사가 있다면 적어 보자.

▫ 인생을 살아가며 만나는 사람들에게 적용하는 나만의 규칙이 있다면?

▫ 현재 삶 속에서 감사한 것들을 떠올려 보자.

▫ 삶에 적용해야 할 특별한 지혜가 있다면 무엇인가?

에필로그, 세상을 내 편으로 만들기 위해

기쁨과 행복을 키울 수 있게 해주는 것은 감사다.
감사를 시작하면 세상은 내 편이 된다.

감사의 절대 조건은 다른 사람과 나를 비교하지 않는 것이다.

지금은 특별히 감사할 일이 없다 할지라도
그저 살아있는 것에 감사하고,
밥을 먹을 수 있는 힘이 있다는 것에 감사하고,
누워서 잘 수 있다는 것에 감사해 보자.

감사하다 보면 나를 발견하고 우리의 삶을 돌아보게 된다.
그리고 세상은 그 감사에 보답하기 위해 내 편이 되어줄 것이다.

이 책을 쓰면서 나도 나 자신에 대해
다시 한 번 돌아보고 알아가는 시간이 되었기에 기쁘다.

이 책이 독자들에게도 삶을 돌아볼 기회를 제공하고
자신을 다시 알게 해 기쁨을 누릴 수 있게 할 것을 믿고
나는 미리 감사한다.

는 그대로 내가 좋아

판발행   2020년 4월 13일

은이   김성희
낸이   노 현

집   최은혜
획/마케팅   노 현
지디자인   이미연
작   우인도·고철민

낸곳   ㈜ 피와이메이트
     서울특별시 금천구 가산디지털2로 53 한라시그마밸리 210호(가산동)
     등록 2014. 2. 12. 제2018-000080호

화   02)733-6771
x   02)736-4818
mail   pys@pybook.co.kr
mepage   www.pybook.co.kr
BN   979-11-6519-035-4   03040

가   12,000원

박영스토리는 박영사와 함께하는 브랜드입니다.